# 百怪語り
# 冥途の花嫁

牛抱せん夏



竹書房
怪談
文庫

# まえがき

ようこそお越しくださいました。この世の裏側へ。

この度「百怪語り　冥途の花嫁」を刊行するにあたり、一年をかけて百名以上の方々に怪異体験談をインタビューしてまいりました。

お住まいの地域や年齢層、職業もばらばら。

体験者様のお人柄や言葉遣い等を把握するために、メールやお手紙ではなく、すべて直接の対面か、お電話にてお話を伺わせていただきました。

体験談を蒐集《しゅうしゅう》しだして十三年目になりますが、未だに自分では想像のできない不思議な世界があるのだと思い知らされ、そのできごとを誰かにお伝えしたくなるのです。

自分とはまったく関係のない世界なのではなく、ひょっとしたらこの後すぐにでも体験してしまうかもしれないというところが、実話怪談の魅力なのではないでしょうか。

本書では、百話の体験談を八つのカテゴリに分類しました。
狐狸をはじめとする妖怪にまつわる話を「妖」
旅行や宿泊先での体験話を「旅」
自動車、原動機付自転車、軽車両等乗り物にまつわる話を「車」
働くひと、職場にまつわる話を「職」
疾病状態で体験した話を「病」
夫婦、親子、兄弟等の血縁者または同様のつながりのある身内にまつわる話を「家族」
恋愛対象者や親族、友人、動物等への愛情にまつわる話を「愛」
その他の話を「世間」といたします。

それではこれより、百怪語りをはじめさせていただきます――

# 世間

## 妖

## 病

## 旅



## 車

# 家族

## 職

## 愛

# 幕はじめ　怪談語り

世間

# 依頼

ある女性の体験談です。
先輩と出かけていた彼氏が明け方になって帰ってきて、一緒にベッドに横になると足元に黒い影が見えた。そして、それがしだいに女の形に変わったかと思うと首をグッと絞められたんです。
「殺してよ。隣にいるこの男を殺してよ」そう言って消えた。
すぐに彼を起こして、なにか悪いことをしていないかと聞くと、先輩たちと絞殺事件のあった心霊スポットへ行っていたというんです。
二度と行かないでと、きつく叱ったそうです。
数日後、友人とドライブしているときに短い動画の撮影をしたところ、あるバンドの曲が流れていたんですが、
ちょうど「殺してよ。殺してよ」という歌詞がスローモーションでリピートされていた。
鈍感な彼氏にはわからないから、
私のところへ来てしまったのでしょうかと
彼女は困った顔でこの話を聞かせてくれました――

# 一　アクアリウム

あなたはなにか趣味をお持ちだろうか。

読書、映画鑑賞、ゲーム、スポーツ等、人それぞれに合ったものがあるはずだ。それが、時間潰しでも知識を増やすためであっても、打ち込めるものがあると日々の生活に彩りを与えてくれるだろう。

ここに、先輩の勧めでアクアリウムにはまった男性がいる。海野さんというサラリーマンだ。

先輩の自宅に招かれてリビングに設置されていた巨大水槽を見て感銘を受けた彼は、その日の内に近所のペットショップを訪れた。古めかしい個人経営の店で、熱帯魚や金魚のほかにも犬やハムスター、インコといった幅広い生き物の販売を行っている。

ずいぶんと前からあったようだが、これまで目に留めたことすらなかった。

引き戸を開けると入口付近から奥の方まで壁伝いに大小さまざまな水槽が設置されており、その中に色とりどりの魚たちが泳いでいる。

店の奥から暖簾《のれん》をくぐって出てきた店主に訊ねてみた。

「魚を飼育してみたいんですけど。初心者なのでなにをどう揃えたら良いでしょう」

「金魚ですか、熱帯魚ですか」

「魚の種類で飼い方が変わるんですか」

「そうですね。水温管理も必要ですから。熱帯魚の飼育で一式揃えるとしたら、まずは水槽、水温計、ヒーター、ろ過フィルター、照明、砂利や水草、あとは魚ですね」

「結構なお値段になりますよね？」

「いいえ。初心者で水槽の形などに特にこだわらなければ、大きさにもよりますけど、一万円もあれば始められますよ」

丁寧に教えてくれるので、さっそく一式買い揃えて帰った。

はじめは玄関の靴箱の上に載る程度の小さな水槽を購入したのだが、実際にそこに魚を入れると、次第に愛着が湧き、徐々に大きなものに買い替えていった。

気がつけばアクアリウムをはじめて十五年が経つ。

ある日、水面に浮かんでいる水草やゴミを掃除しようと網を手に水槽の中を眺めた。

ゴミをすくうのは日課になっているので、ほとんど汚れてはいない。いつものように網を中に入れて取り出すと、長い髪の毛が二本、絡みついている。

（なんだこれ）

もう一度中に入れてすくってみると、また髪の毛。

海野さんは短髪で独り暮らしだ。交際している女性もいない。水槽の中を見てみたが、髪の毛らしきものは、入っていなかった。

ならば水槽の水を全部換えようと、バケツを持ってきてホースで吸い出すことにした。水は少しずつバケツに流れていく。

ふと見ると、ホースの中から黒い髪の毛が流れ出てきて、それがバケツの中に溜まっていく。そのうちに詰まって水が流れなくなった。

とっさに魚たちのことが気になって真横から中を覗いてみると、水槽の向こう側に、髪の長い女がいる。ガラスに両手を押し当てて笑っていた。

その髪の毛が、水槽の中に、

ひたひた…ひたひた……

元気に泳いでいた魚たちは、一匹残らず死んでいた。

## 二　ソロキャンプ

コロナ禍の影響もあってか、二〇二三年現在もキャンプのブームが続いている。かつては家族や友人たちと大勢で野外での非日常を楽しむものであったが、近頃では究極のおひとり様を味わうソロキャンプが人気を博している。

二年前の夏、和樹さんは某キャンプ場へひとりで出かけた。日も落ちて薪に火をくべながら一杯やっていると、夫婦とこどもがふたりの四人家族が近づいてきた。

「図々しいお願いなんですが、薪を少し分けてくれませんか」

父親が申し訳なさそうに言う。

「全然いいですよ」

和樹さんは快くその家族に薪を分けた。こどもたちは嬉しそうに手をふって去っていった。

翌朝、朝食の支度をしていると、昨日の父親が訪ねてきた。

「昨夜はありがとうございました。助かりました。ほんの気持ちですが」

と、カップラーメンの差し入れを持ってきてくれた。

「これは、ありがとうございます。ご家族でキャンプだなんていいですね」

和樹さんがそう言うと、

「え？　私、ソロキャンプですよ」

男性は首を傾げて帰っていった。

## 三　教会の椅子

東京の東久留米市に、宗教音楽を学ぶことのできる教会がある。ミサの伴奏やオルガン、指揮、声楽等さまざま。日本では関東だとこの教会、関西ではエリザベート音大になる。カトリックもプロテスタントも、どの宗教であっても音楽を学びたいという生徒を受け入れているそうだ。

音大を卒業した清美さんは無宗教なのだが、パイプオルガンを学ぶために一週間に一度教会へ通っていた。

ミサや行事がないと、生徒は一時間、礼拝堂を貸切ることができる。神父が立つ主祭壇脇にパイプオルガンが設置されているので、清美さんはよくそこで練習していた。

ある夕方。ひとりで練習していると、視界の隅にチラっと人影が見えた。主祭壇の後方に、いつも一脚の椅子が置かれてあるのだが、そこに大柄な男性が座っている。日本人ではないようだ。顔を向けると男性は清美さんの演奏に耳を傾けてほほ笑んでいる。

そもそも、その椅子は礼拝客用でもなく、いつもは誰も座っているのを見たことがない。なぜそこに置いてあるのかも清美さんは知らなかった。気になりつつ、そのまま練習を続けていると、そのひとはいつの間にかいなくなっていた。

数日後、事務所へ行くと、壁に一枚の写真が飾られていることに気がついた。写っているのは、あの日椅子に腰かけていた男性だった。清美さんは室長に誰なのか訊いてみた。するとその男性は、この教会の創設者である神父で、十年以上前に亡くなっているのだという。

清美さんは驚いて、礼拝堂で椅子に座るその神父を見たことを伝えた。そしてなぜあの椅子が置いてあるのかも質問した。

それは、亡くなった神父が愛用していたものだという。健康上の理由で母国のドイツに帰ったときに、シスターが倉庫に仕舞ったことがあった。

するとすぐに電話がかかってきた。

「僕は今でもそこにいて、祈っているんだよ。なのに、どうして椅子を片づけたんだい?」

神父にそう言われたのだという。なぜわかったのか、残っていたシスターたちは驚きを隠せなかった。

だから、いつでも神父様が座れるようにあの場所に置いたままなんですよ、と室長は話してくれた。

## 四　小さい○○

直接の対面や電話インタビューではないが、私のYouTubeチャンネルでの生配信中にチャット欄に書き込まれたリスナーの体験談が興味深かったので記しておきたい。

真夜中、夫は尿意を催し目が覚めた。

眠たい目をこすりながら電気を点け、スリッパに片足を突っ込むと、ペーパーホルダーの上で動くモノが視界に入った。小さいおじさんならぬ、小さい妻が、ハンドクラップダンスをしている。ダイエットをする女性に人気のダンスだ。小さい妻は手を叩きながら軽快にペーパーホルダーの上で跳んだり跳ねたりしている。

夫は用を足さずに無言で扉を閉めて電気を消した。とたんに寝室から妻の悲鳴が聞こえてきた。慌てて駆け戻りどうしたかと問うと、妻は言う。

「今、ダンスをする夢を見ていたんだけど、いきなり誰かが電気を消して真っ暗になったの。びっくりしちゃったよ」

## 五　オステオパシー

大阪のとある街に、オステオパシー医学を用いた施術院がある。

薬に頼らず人間本来の自然治癒力を活かし、筋肉、骨、臓器等、機能障害の原因を探り、手で整えていくという施術法が用いられている。

福士さんは、常に躰《からだ》に不調を抱えていた。肉体労働で疲れ切っているのかもしれない。

これまでも整体やマッサージ店を見つけては頼って行くのだが、気休め程度でどこも合わなかった。

そんなときに偶然出会ったのがこの施術院だった。

男性院長がひとりで経営していて福士さんは月に二度、メンテナンスのために通っている。完全予約制で、深夜でも受け入れてくれるので、仕事終わりの九時頃に入店することがほとんどだ。テナントビルの一室で営業しているのだが、夜七時を過ぎると、ほかの店舗には誰もいなくなる。

つい先月のこと。その日も夜に入店すると、施術台に横になった。心地良いヒーリング曲の流れる中、頭の凝りや腰の痛みが次第にほぐされていく。

躰を横に向けて、ぼんやりと壁を見ていると、頭上で、

「ママ、この絵本買って」

突然、女の子の声がした。

狭いこの空間には院長と自分しかいないはずだ。いつ入ってきたのだろう。

施術は続いているので、福士さんはじっと壁を見続けていた。


「これがいいの？　こっちの方が良いんじゃない？」

「やだやだ。これ買って」

「仕方ないわね」

母親の声まで聞こえる。

（いや、こんな近くでなにしてんねん、この親子は）

院長はなにも言わず施術を続けている。

「これください」

レジの開く「チン」という音が鳴った。


「終わりましたよ」

肩を叩かれて躰を起こすと、そこに親子はいなかった。今聞いた声のことを伝えると、院長は思い出したように言った。

「そういえば、前はここ、絵本屋さんだったみたいです。私が内見で来たとき、ちょうどここにレジがまだ設置されていました」

ふたり揃って首を傾げた。

## 六　よもぎ色

涼さんが、会社帰りに自宅アパート近くの自動販売機前に差し掛かったときのこと。その販売機の横に佇《たたず》む女に気がついた。

よもぎ色のコートを着たその女は、飲み物を買うでもなく、ただ俯いている。

そこは田舎道で夜は人通りも少ない。なにをしているのだろうと違和感はあったが、そのまま帰宅した。

一週間後、アパートに帰宅すると、あの女が入り口に立っていた。相変わらず俯いている。なんとなく気味が悪かったのだが、声をかけてみた。

「どうかされましたか」

女は返事をしなかった。

さらに一週間が経った夜。夢を見た。

あの女が、八歳になる涼さんの娘をどこかへ連れていこうとする。娘は「行きたくない。パパ助けて」と手を伸ばした。

そこで目が覚めた。すると真横で実際に娘が泣き叫んでいる。

娘の上半身は斜めに起き上がり、何かに引っ張られるように「痛い、痛い」と右手を伸ばしている。暗がりのなかで目を凝らすと、よもぎ色のコートと黒い髪が見えた。

涼さんは娘の躰を抱き「だいじょうぶだから」となだめ、ふり向いた。

女の黒い髪の間から、血走った片方の目がこちらを睨みつけていた。

「二度と来るな」

涼さんが一蹴《いっしゅう》すると女は消えた。


娘さんは十六歳になった今も、あの夜のことをはっきりと覚えているという。

# 七　入れたんか

大学生の男性が、サークルの先輩の家に遊びに行ったときのこと。

夜も更けて、買ってきた飲み物がすべて空になった。先輩が追加を買ってきてくれるという。漫画本を読みながら留守番をしていると、誰かがドアをノックした。先輩が帰ってきたのかと鍵を開けると、全身ずぶ濡れの女のひとが立っている。

いつの間に降り出したのか雨が渇いたコンクリートを濡らしていた。

「先輩の知り合いですか」女性はなにも答えない。

「とりあえず、風邪ひくから入ってください」

中に入れて、ソファに座らせたところで、先輩が扉を開けて入ってきた。

「女のひと、来てますよ。濡れてて かわいそうだから、上がって待ってもらってます」

「お前、中に入れたんか」先輩の顔は見る間に青くなって、胸倉を掴まれた。

「ちょっと。なんなんですか」

チラッとソファを見ると、女性の姿がない。それから数回先輩の部屋へ遊びに行ったが、その度に部屋の隅でうずくまる黒い影が見える。

## 八　蛍鑑賞

島根県松江市の旧八束郡八雲村（現松江市八雲町）から東忌部町へ抜ける山道がある。辺り一帯が里山と田んぼになっていて、毎年六月の終わり頃から蛍が多く見られる穴場スポットだ。付近には茅葺《かやぶき》屋根の交流会館があり、何か催しがあると村人はそこへ集まってくる。

十年ほど前の六月。夕方までぱらついていた雨も上がって、一平さんは空が赤黒くなるのを会社の窓から眺めていた。

（そろそろ蛍が出てきちょらんか、見に行くか）

会社帰りに車で、あの山道を通って帰ることにした。

夕方まで雨だったせいか、田んぼから出てきた大量のカエルが車に轢《ひ》かれて潰れている。その生臭さに、一平さんは喉にせりあがるものを感じた。

右手の田んぼの奥には茅葺屋根の交流会館。左手には小川が流れている。ちょうどこの辺りだ。毎年恒例のひとり蛍鑑賞会。この時間帯は人通りも車通りもなくなる。

車は、薄暗い川沿いの道を、速度を落として進んでいく。

例年であれば、左手の小川の方で多く見られるのだが、今年はまだ早かったのか、一頭もその姿を確認できなかった。

もう少し探してみようかと辺りを見渡すと、五、六十メートル先の田んぼのあぜ道で、赤く小さな炎がぼうっと見えた。野焼きだろうか。

車で少しずつ近づいていく。道幅は狭い。蛍を探しながら進んでいくと、右目の端に燃えている火が映り、目をやった。火の中に何かが見える。

赤ん坊だ。赤ん坊が燃えている。

すでに炭のように真っ黒になっていた。一瞬何かの見間違いか、人形かとも思ったが、万が一事件だとしたらこのまま立ち去るわけにもいかない。

車を止めて降りると、駆け寄った。

火はバチバチと音を立てている。ところがなぜか煙が一切立っておらず、熱さも感じない。赤ん坊は煙のない炎の中で肘と膝とを丸めた黒焦げの姿で「おぎゃあ、おぎゃあ」と泣いていた。

(何が、どげなっちょーや?)

警察に届けなければと車に携帯電話を取りに行った。

そして野焼き場所へ戻った。
ところが、今燃えていた炎がどこにもない。
その後も何往復したかわからないが、探しても痕跡は一切なかった。
今もあの黒焦げになった赤ん坊の姿と泣き声が脳裏に焼きついている。

# 九　遅刻する

あと二分で教室に入らなければ遅刻する。

中学三年生の浩さんは、階段を一段飛ばしで駆け上がっていた。

息を切らしながら踊り場を曲がったところで、彼は絶句した。

作業着の男が上から勢いよく駆け下りてくるのだが、後ろ向きなのだ。ぶつかるのを回避しようとしたものの間に合わず、肩が当たって転倒。

ふり向くと、男の姿はない。始業ベルと同時に教室へ入った。

午後になっても肩の痛みが取れず病院で診察を受けたところ、骨折していたという。

# 十　提灯

提灯文化が盛んな長崎県では、お盆や祭事があると町中が艶やかに彩られる。仏具屋のみならず雑貨店や米屋、布団屋等、多くの店にさまざまな種類の提灯が並ぶ。

そんな長崎県で暮らす女性から聞いた話だ。


小花さんには、瞳ちゃん、美穂ちゃんというふたりの親友がいる。どちらも高校の同級生だ。

瞳ちゃんは喘息持ちで学校を休みがちだったので、いつもひとりでいることが多かったのだが、小花さんたちが話しかけて以来すっかり仲が良くなった。

家に遊びにいくと、お母さんから大変喜ばれたそうだ。登校の回数も以前よりずいぶん増えて、三人でよく遊びに出かけるようになった。

ある日、近所に新しいカラオケ店ができたと聞き、日曜日に三人で歌いにいく約束をした。ところが前日の夜遅くになって、瞳ちゃんが家に電話をかけてきた。

「小花ちゃん、ごめん。明日行けんくなった」

「なんで？　瞳ちゃん、また喘息が酷くなった？」

「そうじゃないけど、ごめんね」

電話口の瞳ちゃんが言葉を濁す。すると、カチカチとノイズ音が聞こえてきた。混線かと思っていると、

「もしもし、瞳ちゃんが亡くなっちゃったよ」

美穂ちゃんの声が聞こえてきた。

「え？　今、私、瞳ちゃんと電話していたんだけど」

事態がのみ込めず、受話器を持つ手が震える。

慌ててタクシーを呼んで家を飛び出た。家に行くと、瞳ちゃんは座敷の布団で安らかな表情で横たわっていた。

バイト先に向かう途中で吐血して、病院に運ばれたのだが息を引き取ったという。

瞳ちゃんの家族が気を使ってくれたおかげで、小花さんたちは最期の挨拶をすることができた。

突然のことでぼんやりしながら帰宅すると、妹に呼び止められた。

「お姉ちゃん、こんな時間までどこ行ってたの？　今さっき、瞳ちゃんが来たよ。小花ちゃんいますかって」

留守中に瞳ちゃんが訪ねてきたらしい。少し目を離すといなくなっていたという。事情を知らなかった妹は驚いていた。

翌年、瞳ちゃんの初盆を迎えた。小花さんたちは、亡くなった親友に盆提灯を贈ることにした。さまざまなカタログを見て、ある程度目星を付けて買いに出かけたのだが、ふたりはとある雑貨店の入り口で足を止めた。

スタンド式の小さな盆提灯を見かけたのだが「これにしようよ」と口を揃えてすぐに購入を決めた。値段も手頃で絵柄にも妙に惹かれるものを感じたのだ。

さっそく届けにいくと、箱を開けたお母さんが「これ……」と泣きだした。

亡くなる一週間前に買い物をしている途中、雑貨店の前で「お母さん、私が死んだらこの盆提灯を買ってね」と言っていたものだったらしい。

「あんた、まだ若いんだからそんな弱気なこと言ったらだめよ」

そう言うと、瞳ちゃんは「買ってね」と小さくつぶやいたそうだ。

「瞳ちゃん、この提灯がすごく欲しかったんだね」

小花さんも美穂さんもお母さんも涙で顔をくしゃくしゃにしながら笑い合った。

その提灯は、今も大切に保管されている。

# 十一　輸入住宅

ある主婦が離婚をして、小学五年生の娘と二年生の息子を連れて輸入住宅の戸建てを借りた。

内装もおしゃれで、こどもたちもすぐに気に入ったようだった。前の住人が残していった家具や食器棚をそのまま使用できるのもありがたいことだった。

ある日、ダイニングキッチンで夕食の支度をしていると、こどもたちが喧嘩をはじめた。いつものことなので放っておいたのだが、姉の方が口が立つ。

そろそろいい加減にしなさいよとふり向いたときだった。

閉まった食器棚の上段のガラス扉が勢いよく開いて、姉のおでこを直撃した。うずくまって痛がる姉を見て弟は「罰が当たったんだ」と笑っていたが、母親はそれどころではなかった。古いその食器棚は外側から力を入れて取っ手を引っ張らなければ開かないものだった。

その後も、この家ではこんなこともあった。

二階でこどもたちと寝る準備をしていると、一階からミシミシと誰かが階段を上がってくる音が聞こえた。
見に行くと何もない。その代わりに鍋の火が着いたままだった。
何かピンチや困ったことがあると、その都度誰かが教えてくれる。
前の住人がこの家を明け渡した理由は知らない。

## 十二　栗畑

清美さんは真夜中に目が覚めた。

仰向けで両手を開いて寝ていたようなのだが、右腕と脇腹の間に誰かがいる。正座した膝が脇腹にぴったりとくっついた状態だ。

別の部屋で眠っているこどもが眠れなくて来たのかと、眠たい目をこすりながら見上げると、知らない若い女の子だった。高校生くらいだろうか。

首に白いロープをぶら下げ、じっと見下ろしている。

跳ね起きて電気を点けると女の子の姿はなかった。

翌朝、同居している母親から、昨日、家の隣の栗畑で女子高生の首吊りの遺体が見つかったと聞かされた。

## 十三　学習塾

東京都葛飾区に普賢寺という寺院がある。治承四年（一一八〇年）、領主葛西三郎清重によって創建されたと伝えられている。和田北条合戦や国府台《こうのだい》合戦等、度重なる火災に見舞われたがその都度再建されてきた。

現在六十代の敏雄さんはこどもの頃、この普賢寺からほど近い一軒家に住んでいた。当時、寺の山門の正面の家が個人学習塾を経営していて、敏雄さんはそこの塾生だったという。平屋建ての古い貸家で、学校帰りにこどもたちが大勢集まってくる。こどもがいつ来ても良いようにと、鍵はいつも開け放しになっていたので、休みの日であっても勝手にあがりこんで遊ぶことがしばしばあった。

この塾では、勝手に戸がパタンパタンと音を立てて開くことがあった。ほとんどのこどもがそれを見ている。

敏雄さんが、塾の居間で大の字になって昼寝をしていたときのこと。入り口のガラス戸を誰かが叩く音がして目が覚めた。奥に先生はいるはずだが、気づいていないようだ。玄関へいくと、戸の外に真っ白な着物姿の女性が立っている。長い髪を足首のあたりまで垂らし、俯き加減でそこにいる。

「先生、お客さんだよ」

奥に呼びかけると「はーい」と先生が出てきたのだが、ふり向くと今いた女性の姿はない。表の通りに出てみてもいなかった。先生は、

「ああ、そっちか」

そう言ってまた奥の部屋へ戻っていった。

この塾ではほかにもこんなこともあった。庭付きの一戸建てなのだが、立派な柳の木が一本植えてある。その柳の木の下に立つと、時間帯関係なく地面の下から大勢の声で「おうい、おうい」と呼ばれる。

こどもたちがよくこの声を聞いていた。

先生も年中金縛りに遭っていて、家中お札だらけだった。

現在は、塾だったその貸家は取り壊され、柳の木ももうない。新しい家が建ち、別の家族が暮らしている。

## 十四　視点

真希さんは幼い頃、父親と出かけたショッピングモールで、はじめてガス風船を買ってもらった。宙に浮く風船がずっとほしかったので、真希さんは小躍りしながら家に帰ってきた。

庭先から家の中にいる祖母を呼んで、買ってもらった風船を見せようと差し出した。するとそのはずみで手の平に巻いていた糸がするすると抜けて風船は天高く飛んでいってしまった。

「あっ」と思った瞬間、真希さんは上から庭を見下ろしていた。

庭で父がこちらを見上げ、自分は泣きじゃくっている。祖母は縁側から降りてそんな自分をなだめていた。

上空から見えるその姿が、少しずつ小さくなっていく。

ふわふわ、ふわふわ

その後、いつ風船から自分の躰に戻ったのかは思い出せない。

# 十五　目覚め

右腕の激痛で目が覚めた。あまりの痛さに声が出るほどだった。
首をひねって右を向くと、腕があがっている。
空中に浮かぶ何者かの真っ青な手が、自分の腕を外側にねじっていた。

# 十六　ダンプカー――前

現在四十代の優太さんが、小学四年生の頃に体験したできごとだ。

当時、彼は横浜のとある団地で家族と暮らしていた。昔ながらの三階建ての団地で、エレベーターはない。建物はコの字型になっていて、中心に住人専用の駐車場とちょっとした広場がある。こどもたちはよくそこで遊んでいた。

二学期も始まりしばらくした九月の下旬。

学校から帰ってくるとランドセルを部屋に放り込んで、すぐに外へ飛び出した。

階段の踊り場から見下ろすと、同じ団地内に住んでいる同級生のタカちゃんが、サッカーボールを片手に手をふっている。

急いで広場までいき、ドリブルをはじめた。

ほかにいた数人のこどもたちは、夕方五時を知らせるチャイムが鳴ると、それぞれに家に帰っていき、ふたりだけが残った。

「じゃあ、あと一周したら帰ろうぜ」

ボールを蹴ろうとしたときだった。ふいに誰かに呼ばれた気がして足でボールを止め、顔をあげた。いつの間にか敷地内に一台のダンプカーが停まっている。エンジン音で気づきそうなものだが、まったく聞こえなかった。

運転席の窓が開いていて、ワンピース姿の若い女性が窓枠に肩肘をかけてこちらを見ている。こどもながらにも、ダンプに乗るには似つかわしくない服だなと思った。

呼んだのはあのひとだろうか。女性は何も言わずこちらを見ているばかりだ。

(なにあのひと、変なの)

優太さんは、ドリブルを続けようとタカちゃんの方へサッカーボールを蹴ってパスした。と、また背後から呼びかけられた。

(やっぱり何か用があるのかな)

ダンプの方へ駆け寄り、下から「なんですか」と聞いてみた。女性は、じっと窓から見下ろしているだけで黙ったまま、なにも言わない。

なんだか怖い。女に背を向けて走りだすと、また呼び止められる。

しびれを切らした優太さんは「なんなんですか。何か用ですか」と語気を強めた。

「あんた……」

「はい」

「あんた――交通事故？」

女はそう言うなり首を真横に倒すと、白い歯を見せた。ゾッとして思わず、

「違います！」

そう叫んでタカちゃんの方まで駆け寄り、手をつないで自分たちの団地の棟まで猛ダッシュした。

「あのひと、なんか変だよ」

「なんて言われたの」

「話、かみ合わなかったよ。ヤバいよ」

そこから夢中で階段を駆け上がった。やっとの思いで三階踊り場に到着し、階下を見ると、運転席に女はいなかった。

## 十七　ダンプカー――後

翌朝、踊り場から見下ろすとダンプは停まっておらず、優太さんは胸を撫でおろした。学校ではタカちゃんと昨日のことを二言三言話したきりで、女のことを忘れるのに時間はかからなかった。

数日後の夕方、広場で遊んでいたふたりは、小腹が空いてコンビニにお菓子を買いに出かけた。団地の敷地から五分ほど歩くと、国道に出る。通りの向こうが目的地だ。信号が変わり、横断歩道を渡って駐車場を抜け、店内に入ると菓子コーナーに直行した。かがんで商品を選んでいると、ふいにタカちゃんが「あ」と言って立ち上がり、そのまま出口の方へスタスタと歩いていく。

「タカちゃん？　どこ行くの？」

声をかけてもふり向きもせずに、店の外へ出ていってしまった。慌てて手にしていた菓子を棚に戻して後を追う。

「ちょっと待ってよう」

タカちゃんは外へ出ると、黙ったまま国道の方へ向かって走り出した。

ちょうど右から一台の乗用車が走ってきて「危ないっ」と優太さんは叫んだ。車は辛うじてタカちゃんをかわすことができた。しかし、左奥からきた車にタカちゃんは跳ね飛ばされた。

目の前で起こったショッキングなできごとに、意識が遠のいていく。「救急車」「誰か」と大人たちが叫ぶ声が聞こえたような気がするが、そこからほぼ記憶がない。

タカちゃんは亡くなった。

「どうしてあの女に話しかけられた自分じゃなくて、タカちゃんだったんでしょうか」

優太さんの心には、今も傷が残っている。

## 十八　講話

二〇一一年の東日本大震災から二月《ふたつき》が経ったある日のこと。

宏伸さんの元に恵比寿にある曹洞宗の菩提寺から施餓鬼供養の案内が届いた。檀家一同で、震災で亡くなった方の供養をするという内容だった。

宏伸さんは母親と相談して、三年前に他界した父親の供養も兼ねて参加を決めた。

寺にある三十畳ほどの畳敷きの講堂に、数十人の檀家が集められた。住職と若い僧侶がふたりいるほか、同じ曹洞宗の僧侶が別の寺から何人か来ていた。

檀家はコの字型に並べられたパイプ椅子に腰かけ、施餓鬼供養がはじまった。

その後、山形県から来ていた住職による講話を聴く。

ふたりの若い僧が講壇を運んでくると、住職はその前に立ち、語りはじめた。

その住職は、震災の直後に被災地へ赴き、現地で荼毘《だび》に臥《ふ》すことのできなかった何十人もの方々を、山形にある自身の寺までお連れして供養したそうだ。

檀家たちはその言葉ひとつひとつに耳を傾けている。

宏伸さんは講壇の真横から母親と座って話を聞いていた。丈の長い線香が線香立てに

二、三本刺さっていて、煙をあげている。
話も終盤にさしかかったときだった。

講壇前に立つ住職の顔前に、手の平ほどの大きさのオレンジ色の光が現れた。それが真下へゆっくりと落ちていく。やがて畳すれすれのところまでくると、ゆっくりと講壇の後ろに向かって移動し、消えた。

線香の煙ではない。なんだろうと思っていると、母親が肩を叩いた。

「あんた、今の見た？」

宏伸さんはうなずいた。正面のパイプ椅子に座っている何人かの檀家も気がついたようで、首を傾げたり指をさしたりしている。

講話が終わった後、片づけにきたふたりの若い僧が講壇を持ち上げると、そこに血だまりができていた。

「わっ」と、僧侶が驚いて講壇を落とした。講堂にどよめきが起きる。畳の上の鮮血に、みな目を丸くした。

たった数分の間にいったい何が起きたのかわからない。怪我人も動物もいなかった。

その後、なにごともなかったようにぞうきんで血は拭き取られた。

## 十九　大雨の夜

朝から雨が降っていた。

終電で最寄り駅に着くと、雨脚は一層強まる。もはや傘は意味をなさなかった。

「まったくもう。ついてないや」

小さく文句を吐きながら狭い路地へ入ると、少し離れた電柱の下に、小さな女の子がぽつんとひとりで立っている。そばへ行って声をかけようかと思ったが、足が前に出ない。この土砂降りの中、女の子はまったく濡れていない。全身が粟立《あわ》った。

(生きている子じゃない――)

思わず目を閉じる。

(ごめんね、私にはなにもできないよ)

心の中でつぶやくと、スカートの裾を何かに、くいっ、くいっと引っ張られた。

女の子が真下に立ってこちらを見上げ、

「なんでなにもできないの?」

と、ニタニタ笑っていた。

# 二十　駄菓子屋

夏子さんが小学三年生の頃、近所に家族経営の古い駄菓子屋があった。

奥の座敷では、いつもおじさんがテレビを観ている。

予算内でどれだけ買えるかを考えるのも楽しみのひとつで、手の平の百円玉と木箱に陳列されている駄菓子とを交互に見ていると、

「来てくれたのね。ひでみちゃん」

いつの間にか、そばに知らない腰の曲がったおばあさんが立っていた。

(ひでみ?)

夏子さんが首を傾げると、おばあさんは「ごめんね、ごめんね、ひでみちゃん」と、手の平にお饅頭を載せてきた。困惑する夏子さんをよそに、手を握りしめてくる。

「ひでみ」というのは母親の名だ。

「私、違います」

夏子さんは老婆の手をふり払うと、何も買わずに帰宅した。

家に帰って駄菓子屋でのことを話すと、母親は苦笑いをした。

母もこどもの頃、同じ駄菓子屋に通っていたらしい。

当時、店主だったおばあさんに可愛がられていたそうだ。ところが、あるとき誤解で万引きの疑いをかけられた。

何度弁明しても信じてもらえなかった。優しいと思っていたおばあさんの冷ややかな目線に幼い心は深く傷ついた。後に誤解は解けたのだが、ショックは大きかった。以来店に行くことは二度となかったのだという。

「でも、おかしいわね。そのひと、ずいぶん前に亡くなったって話だけど」

母は首を傾げた。

# 二十一　古着

友人とランチの約束があった。待ち合わせ時間ギリギリだったので、速足で歩いていると、通りの向こうが気になった。喪服を着た集団がいて、その中にいるひとりの若い女性が、仁王立ちでこちらを睨《にら》みつけている。

（え、なに？）

するとその女性は勢いよくこちらに飛んできて、躰をすり抜けていった。

一瞬のことだったが、気づけば尻餅をついていた。

女は通り過ぎる瞬間に耳元でこう言った。

「その服、カエシテ……」

この日着ていたのは、数日前にリサイクルショップで購入したワンピースだった。

あとで店主に聞いたところ、若くして亡くなった女性の身内が、遺品整理として持ち込んだものだったという。

# 二十二　スポッ

怪談イベントの帰りに楽屋から出ると「ちょっと聞いてもらえますか」と、あるお客様に呼び止められた。彼女は事故物件住みます芸人の松原タニシさんのファンなのだという。

二〇二〇年、タニシさんの書籍『恐い間取り』の映画化が決まり、全国で上映されることになった。それを知った彼女は、姉を誘ってさっそく映画館へ足を運んだ。

二階席の、ど真ん中。なかなか良い席が取れた。

話の中盤あたり。登場人物が食事をする場面になったときだった。スクリーンから突如、まるい玉がぽんと飛び出した。一瞬なにかの演出かと思ったのだが、誰も反応していない。その玉は、観客の頭上をゆらゆら飛んで、こちらに近づいてくる。

もう映画どころではなくなった。それを目で追っていくと、やがて隣に座る姉の目の前で一旦止まり、鼻の穴へ、スポッと入った。

直後、姉は大きなくしゃみをした。

## 二十三　バス停で

北海道の高校に通っていた実樹さんは、毎日の通学でバスを利用していた。

その日もいつもの停留所で下車したところ、通りの向こうから異様な女が走ってくるのを見て思わず足を止めた。

真冬で雪が積もっている中、女は白い襦袢《じゅばん》姿で鉢巻きをしている。鉢巻きにはロウソクが刺してあり、両手になにかを持っているようだが、よくは見えなかった。

（こんな夕方に丑《うし》の刻参り？　超ヤバッ）

カバンを胸の前に抱えて、女を目で追う。

バスから一緒に降りたほかの乗客の反応も気になったのだが、誰も女を見ていないし、気にもとめずにバス停から散り散りに歩いていく。無視をしているというより、まるでその存在が見えていないかのようだ。

女は叫び声を上げながら去っていった。

小樽市の龍徳寺前バス停留所でのできごとだ。

## 二十四　カフェで

実樹さんは後にフランスでも似たような体験をした。

二階のカフェでコーヒーを飲んでいたときのこと。

何気なく街並みを見下ろすと、中世の貴族が着るようなドレスを身にまとった女が、通りを疾走していく。なにかのイベントか撮影でもしているのかとも思ったが、撮影クルーやスタッフは見当たらない。通行人は女を見向きもしない。真横を通り抜けてもふり返るひともいなかった。

「で、ワケわかんないんですけど、そのひと、スマホを持って走ってたんですよ」

聞いているこちらも、ワケわかんなくなった。

## 二十五　ピクニック見学

ＹｏｕＴｕｂｅチャンネル「この世の裏側」を立ち上げて以降、海外で暮らす日本人の方からもメールをいただく機会が増えてきた。時差を調整し、無料通話アプリを使用してのインタビューを行うようにしている。

実樹さんはフランス人男性と結婚し、日本を離れて彼の故郷であるアンボワーズで暮らしている。彼女がこんな話を聞かせてくれた。

五年前の春、娘が幼稚園の行事でピクニックに行くことになった。行き先はロワール川の中州にある公園だった。川向こうにはアンボワーズ城が聳《そび》え立つ。園内にはテニス場やキャンプ場があるほか、遊具の種類も豊富で、休日ともなると親子連れやカップルで賑わう憩いの場所となっている。

その日はちょうど夫と仕事の休みが重なったので、買い物に出かけようかと思っていると、彼は娘がピクニックをしている姿を見に行きたいのだと言う。それもいいなとふたり揃って車に乗り込むと公園へ向かった。

こどもや先生には気づかれないように、公園を囲む道路を車でゆっくり進んでいくと、ちょうどランチタイムのようで、みな芝生の上に集まって食事をしていた。娘を見つけた夫は遠くから「可愛い可愛い」と目尻を下げて喜んでいる。

「もう怪しいから帰ろうよ」と促すと、夫は渋々頷いた。

芝生の周りにはブランコやシーソーのほか、たくさんの遊具があった。休日はたくさんのこどもが遊んでいるのだが、この日は平日で誰も使用していなかった。

娘たちを遠目で見ながら、ゆっくりと車を進めて遊具のそばを通りかかったときだった。ひとつの遊具が、不自然に動いている。

ロープにぶら下がって滑走するターザンロープと呼ばれるものなのだが、そのロープの部分が、誰もいないのに斜めになって、キコキコ……キコキコ……と音を立てながら移動している。

驚いた実樹さんは、

「あなた、あれ見て。誰もいないのに勝手にロープが動いてるよ」

指をさした。ところが夫はチラッと見ただけで、何も言わずにその横を通過していく。

彼は幽霊や超常現象の類をまったく信じていない。そのせいで無視をされたのかと思ったのだが、公園を出ると車を停めて口を開いた。

「誰もいないだって？　君には見えなかったのかい？　赤いワンピースを着た小さな女の子がロープを引っ張っていたじゃないか。嬉しそうに、こっちに向かって手をふっていたよ。あれは、ゴーストなの？」

その日をきっかけに夫は幽霊の存在を否定しなくなった。

## 二十六　白煙

両親の仕事の関係で、友美さんは幼少期、英国の首都ロンドン郊外で暮らしていた。

一九九二年、六歳のときに日本への帰国が決まり、最後に家族で観光することにした。

バッキンガム宮殿やウエストミンスター寺院へは行ったことがあったので、一家は初めてウィンザー城を訪れた。

ウィンザー城はご存じのとおり、英国の君主の公邸のひとつで、女王が週末を過ごされる。居城としては世界最古最大の宮殿で実に千年以上の歴史を持つ。

友美さんたちは城の周りを散歩しながら何枚かの記念写真を撮った。憧れだった警備の近衛兵とのツーショットも撮ってもらった。たくさんの思い出を写真に収めて、一家は日本へ帰国した。

帰国後、英国での生活が恋しくなった友美さんは、両親に頼んでフィルムをすぐに現像してもらった。

ところが現像した写真を見て、両親は首を傾げた。

何枚かの写真が真っ白になっているのだ。そのどれもが、煙のように見える。

当日は晴天で霧も出ていなかった。

友美さんをはじめとする人物や木々などは、はっきりと写っているのだが、なぜか城だけに、まるで絡みつくように白煙が取り囲んでいる。

写真を確認したその日の一九九二年十一月二十日のこと。

ウィンザー城で火災が発生し、一一五室が焼失したというニュースが飛び込んできた。

個人礼拝堂のスポットライトがカーテンを熱し、発火したことが出火の原因だったという。

ニュースを見た両親が、写真と照らし合わせて青くなっていたことを、今でも友美さんははっきりと覚えている。

## 二十七　砂場

美也子さんは、ともだちと公園の砂場で遊んでいた。

大きな山を作って両側から穴を掘っていく。

貫通した穴の中で互いの手が触れると山はどっと崩れた。

「あーあ」

ともだちの顔を見たときだった。首に、光る輪っかのようなもの見えた。なんだろうと見上げると、ともだちの背後に、フードを目深《まぶか》に被った男が立っている。

男は手に大きな鎌のような物を持って、それをともだちの首に巻き付けると、真横に引いた。

驚いた美也子さんが「あっ」と声をあげると男はその場でフッと消え、それと同時にともだちは崩れた砂山に卒倒した。

## 二十八　ゼリー

無類の甘い物好きだという小春さん。

どんなお菓子でも好んで食べるのだが、小さなカップ入りのゼリーだけは、いただけない。正直、苦手だ。

その日は、仕事中から無性に口が甘いものを欲していた。

早くなにか食べたい。

タイムカードを押して定時ダッシュでコンビニへ駆け込んだ。

なんでも良かった。ところが、どれを見てもピンと来ない。チョコボールじゃない。チロルも違う。ベビースターでもない。菓子を買うためにコンビニを五、六軒もまわったのだが、結局なにも買わずに店を出た。

ひと足先に帰宅していた姉が、冷蔵庫を開けているのを見て、小春さんは中にゼリーが入っていることを思い出した。以前同僚からもらったのだが、食べずにそのままになっていた。いつもならまったく食べたいとは思わないのに、小春さんは袋に手を入れるとゼリーを五、六個、鷲掴みにして、封を開けると次々に口の中へ放り込んだ。咀嚼《そしゃく》しながら窓辺のソファに腰を下ろす。すると、掃き出し窓の長いカーテンの裾が、ふわりと持ちあがった。エアコンは点けておらず、窓も閉まっている。

「お姉ちゃん、今、カーテンがあがったんだけど、なんで?」

思わず小春さんが聞くと、姉は窓の方を見ながら、

「だってあんた、女の子と一緒に帰ってきたもん」

そう答えた。

姉はたまに不思議なモノを見る体質なのだが、今日小春さんが、四、五歳くらいのこどもと家に入ってきたので、どこの子だろうと思った。

すると小春さんが嫌いなゼリーを無心で食べだした。食べ終えたと同時にその子はカーテンをまくって出ていったのだという。

ゼリーがなくてコンビニを数軒回ったと小春さんが話すと、あの子が好きで食べたかったのかもしれないねと姉は言った。

妖

# 発光

私の母と伯母が小学生の頃、

隣村に遊びに出かけた帰りにこんな体験をしたそうです。

日が傾きはじめた夕方。両側が林になっている細い一本道を歩いていく。

「暗くなるから急ごう」と早歩きをしはじめたとき、足元にサッとなにかが触れた。

見ると、脛のあたりに光る鎖状のモノが浮かんでいる。

「なにこれ」と思わず身をかわすとその鎖、こちらに飛んできたんです。

ふたりは「わっ」と悲鳴をあげて細道を走りだした。

ところがその鎖、逃げていく間も前に回ったり足の間をすり抜けたりと

延々と追いかけてくるんです。

夢中で走ってようやく大通りに出ますと、

その鎖は藪の中にするすると入っていった。

現在、母も伯母も六十代後半です。

ときどき、実家に帰ると「なにかに化かされたのかもしれない」と

口を揃えてこの話を聞かせてくれるんです——

## 二十九　拾い物

小学校からの帰り道、荒川土手沿いをともだちの由香ちゃんと歩いていた美佐子さんは、茂みに黒い布切れが落ちているのを見つけた。

ふだんであれば気にも留めないはずなのに、それをつまみあげると「由香ちゃん、これ拾ったよ」と、ひらひらさせて見せた。

それは四、五センチほどの四角いビロード生地の薄っぺらなはぎれで、艶々《つやつや》している。

肌ざわりが良いので両手で挟んで、もみながら、また歩きだした。

「きれいな布だね。黒じゃなきゃいいのに」

「何色が好き?」

「私はピンク」

「蛍光色もいいよね」

他愛もないおしゃべりに夢中になりながら歩いていると、由香ちゃんが「あれ?」とこちらを指さした。

先ほどまで、ペラペラの薄い布だったものが、いつの間にかバレーボールサイズの球体になっている。美佐子さんはそれを撫でていた。しかも、ふさふさしている。

「なにこれ?」

「小さい布だったよね?」

「そうだよね」

ふたりとも目を丸くしていると、その黒い球体の裏側から赤い目が現れてキラリと光った。

「きゃッ!」

思わず手を離す。球は落下して美佐子さんの靴の先に当たると、バウンドして天高く飛んでいく。

茫然と見上げるふたりの頭上で、球から羽根が生えた。

やがて、それは「きいきい」と鳴きながら空中で消えた。

## 三十　山間部――Aさんの話

岩手県紫波町西側の山間部で、ある男性の身内が体験した話をふたつほど紹介したい。

秋も深まった肌寒いある夜、Aさんが紫波町の火葬場付近を車で走行していると、池の中に男性がいるのを見た。

男性は全裸で濁った溜池の水をバシャバシャと躰に浴びせている。

驚いたAさんは車を降りて声をかけた。

「なにしているんですか、だいじょうぶですか。風邪ひきますよ」

すると男性は機嫌良さげに、

「こんなところに温泉があったなんて、知りませんでした。ああ、気持ちがいい。あなたも一緒にどうですか」

そう言って、さらに汚れた水を浴び続ける。

「ここ、池ですよ。化かされていませんか」

Aさんが言うと、男性はぴたりと動きを止めた。

「クソ、やられた！　昔、じいさんから、この辺には狸がいるから気をつけろって言われていたんだ。」

がたがた震えながら、池から上がってきたという。

## 三十一　山間部——Bさんの話

ワラビやぜんまいが出始めた五月。Bさんはひとりで山へ入った。

山菜は時期を逃すと固くなってしまうので採るにはちょうど良い頃合いだった。一本ずつ茎を折りながら手際よく採集していく。

一時間ほど作業を続けて、昼飯にしようかと顔を上げると、いつの間にか川の中州に立っていた。山の中にいたはずなのに、なぜかBさんは流れの早い濁流の中にいるのだ。足がもつれて今にも押し流されそうだ。近くの岩につかまって、どうにか河原へ行く方法はないだろうかと思案していると、昔、祖父から聞いたことを思い出した。

——山の中には狸がいる。タバコと犬が苦手だから、必ずどっちか用意しておけ。

Bさんは濁流を躰に受けながら、その場に腰を下ろすと目を閉じてタバコを一服した。煙を吐き出したと同時に元の山の中に立っていたという。

このふたつの話は、岩手県紫波町西側の山間部のごく狭いエリアで起こったできごとだ。同じような体験をしたひとがほかにもいるそうなので、また取材したい。

## 三十二　綿帽子

現在五十代の女性がこどもの頃に、安子おばあちゃんから聞いたという話なので、ずいぶん昔のできごとだ。

安子さんは昭和初期に福島県の農家に嫁いだ。時代のこともあるが、朝から晩まで家のためによく働いた。朝日が昇る前に起きて米を洗い、掃除、朝食の支度、川で洗濯をして干す。日中は田んぼ仕事をしてまた食事を作る。休む間はない。毎日へとへとではあったが、それが当たり前だった。

家の周りは田んぼで、黄金色に染まった稲穂がこうべを垂れて、間もなく稲刈りを迎えようとしていたある夜のこと。

シャクシャクシャクシャク……ふだん聞きなれない音がして安子さんは目が覚めた。

なんだろうと、布団の中でじっと耳をそばだてる。

どうやらそれは田んぼから聞こえてくる。夫はいびきをかいて眠っている。音がなんなのかを確かめたかったが、家族を起こすわけにもいかない。

気にはなったが、そのままにしていた。

奇妙な音はそれから三日三晩続き、耐えかねた安子さんは布団をまくって窓辺に近づき網戸を開けた。

目の前に広がる田んぼの真ん中辺り。月明りに照らされて、誰かがこちらに背を向けてうずくまっている。

誰かしら？　と、いぶかりながらも「おうい」と声をかけてみた。するとそのひとは、びくりと肩を震わせこちらへふり向いた。

真っ白な綿帽子に白無垢姿の美しい花嫁だ。

近所で婚礼の話など聞いていないし、こんな真夜中にどうしたのだろう。

一瞬はそう思ったのだが、何か変だ。花嫁の口の端から稲が垂れていてそれを食んでいる。

ピンときた安子さんが「コラッ」と叫ぶと、花嫁は背を向けて四つん這いになり、勢いよく稲をかきわけて奥の塀を飛び越え闇に消えていった。

着物の裾のあたりから、チラっとフサフサした毛のようなものが見えた気がした。

「あんなにきれいに化けたのに、しっぽだけはダメだったか」

目を覚ました夫が後ろで眠たそうに笑った。

## 三十三　鎮座

「先輩、肝試しに連れていってくださいよ」

高校二年生の夏、佑真さんは先輩たちをしつこく誘っていた。とにかくとんでもない場所に行ってみたい。誰もが知っているスポットではなく、マイナーで構わないのだと頼みこんだ。すると先輩のひとりが手を上げた。

神奈川県の旧御殿場線が面白そうだと言う。今は廃線となって使用されていないトンネルで、そこが心霊スポットだという噂を聞いたことがあるそうだ。そんなざっくりとした説明だった。

佑真さんは喜び勇んでそのトンネルに連れていってもらった。

トンネルの入り口の前に立つと、中から「ボー」と低い音が聞こえる。夏にもかかわらず、冷たい風が全身を撫でた。みな怖気づいて「入りたくない」と口を揃えた。

もちろん佑真さんも尻込みしたが、言い出しっぺだったこともあり、一歩中へ足を踏み入れた。

まだ外は明るかったが、トンネル内は真っ暗で、所々崩れかかっている。壁面からは水がしみて雫が滴り落ち、向こうの出口までの距離も相当長そうだ。

懐中電灯を手に、そろそろと歩いて数分後、あと少しで外に出るというところで佑真さんは足を止めた。

それは、トンネルの外に立ちはだかる、大きな動物のようなものがいる。

上げると、どうやら狐らしい。トンネルの高さの二倍を超すほどの大きさで、出口手前でしゃがんで外を見上げると、どうやら狐らしい。あまりの大きさに、奇妙な物を見たというよりも、食われるのではないかという恐怖心に襲われた。

「あれ見てください」と指さすと、みなも「狐や」と、あとずさった。

その巨大な狐は、茶色な長いしっぽを、ゆらりゆらりと左右にふってトンネルの出口に向き合い鎮座していた。

「あんなでっかい狐、おらんやろ。こっち来たらマズいで」

下手に動くと気づかれるかもしれない。身動きもとれずじっとしていると、狐はトンネルの上に飛び乗った。

恐る恐る外に出てふり向くと、トンネルの真上に鳥居があった。狐の姿はない。脇道を上がって見に行くと「線守稲荷神社」の看板。そこに書かれていた内容を見た佑真さんたちは愕然とした。

明治二十二年二月一日、現在の御殿場線が東海道線として開通した当時、現在の足柄上郡山北町の鉄道トンネル工事でキツネの巣が壊され、土地の人たちはキツネの仕返しを心配していました。

工事後、列車が通ると髪を振り乱した女が現れたり、こどもや動物の霊が頻繁に目撃されキツネの巣をつぶしたためかと案じ、キツネの霊を祓って祠が作られたのだという。

なにも調べずに出かけた佑真さんたちはすっかり縮み上がって、どうやって帰ってきたのか思い出せないそうだ。

# 三十四　用水路

「絶対に信じてもらえないと思いますけど」

聡さんはそう前置きして、話しはじめた。

「自分でも信じられなくて、家に帰ってから巻き尺を用意して測ってみたら、一メートル二十センチくらいありました」

聡さんが小学三年生だったので、四十年ほど前のできごとになる。


家の近所に、幅が三メートルほどの川が流れていた。

一年に二度、上流を堰き止めて水を抜き、近隣の大人たちが掃除をする。

空き缶やビニール袋、水がなくなると水溜まりに魚がいるので、こどもたちはそれを捕まえることを楽しみにしていた。ナマズや八つ目うなぎ、たまにイワナも見られる。

川が綺麗な証拠だろう。聡少年は夏になると、毎日のようにともだち数人とその川へ遊びに行った。

堰の下に行けば、もっとたくさんの魚がいるだろう。

ザブザブと水の中を歩きながら進んでいき、顔をあげたときだった。

滝の上に、赤い物が仁王立ちしていることに気がついた。

巨大なズワイガニだ。それも茹でられたように真っ赤だった。足は生身の人間で、滝の上で微動だにせず、こちらを見下ろしている。

こどもたちは驚き、川の中に尻から転げた。

聡少年は、水底の砂利を掴んでそのズワイガニ目掛けて思い切り投げつけた。

カニはびくともしない。口からぶくぶくと泡を吹いている。

やがてカニは横歩きでコンクリートの壁面の穴の中にスポッと入って消えた。走って見に行くと、そこには小さな穴があるばかりだった。

# 三十五　正体——前

　ある真夜中、仕事から帰宅した石川さんは、缶ビールを片手にリビングのソファに腰を下ろした。一杯飲んでから風呂に入るつもりでいたのだが、疲れが溜まっていたようで、いつの間にか眠っていた。

　目を覚ますと暗がりの中、テレビは放送終了の画面で止まっている。

　飲みかけの缶ビールに手を伸ばし、起き上がろうとしたところ、脛《すね》のあたりに何かがサッと触れた。すぐに起き上がって見ると、黒い塊《かたまり》のようなものが、足元で匂いを嗅ぐようなしぐさをしている。

　その黒い塊は、リビングを抜けて廊下へ出ると、寝室へ入っていった。それと同時に「キャッ」と妻の悲鳴が聞こえてきた。

　慌てて寝室へ行くと、妻はベッドで正座をして震えている。

「どうした、だいじょうぶか」

「今、黒いのが這い上がってきて私のことを見ていたの。あれ、なに?」

　家中を調べてみたのだが、何もいなかった。戸や窓もしっかりと閉まっている。

ふたり揃って変な夢でも見たのだろうと、その日は眠った。

そんなできごともすっかり忘れていた三日目の朝のこと。

洗面所で顔を洗っていると、妻の悲鳴が聞こえた。なにごとかと慌てて台所へいくと、流し台の下の扉が一枚開いていて中を指さしている。

「どうした？」

「今、卵焼きを焼こうと思って油を出そうと開けたんだけど、あれ、なに？」

かがんで覗いてみると、おままごとに使うような小さな器がある。器には白いなにかが盛られている。

手を伸ばして中から取り出してみると、塩が盛られたおちょこだった。

「気持ち悪い。なんなのこれ」

これまで盛り塩などしたことがないし、ふたりともまったく身に覚えがなかった。

もしかしたら、いたずらっ子の小学一年生の次女の仕業かもしれない。そう考えた石川さんは、娘が起きてきたところで聞いてみると、やはりドンピシャだった。

盛られた塩ごとおちょこを拾ってきたのだという。

# 三十六　正体――後

娘は学校からの帰り道、とある民家の前で足を止めた。その家の門扉の前に、盛り塩がされたおちょこが置かれているのを見つけたのだ。

「なにこれかわいい」

とっさに拾い上げて持って帰ってきた。

当然、盛り塩などということは把握できる年齢ではない。ただ単に「かわいい」と思っての行動だった。

帰宅してから、人様の物を持って帰ってきてしまったことを後悔した次女は、両親に叱られるかもしれないと考えて、隠したのだという。

石川さんはその家を聞きだすと、後日、そのおちょこと手土産を持って娘と共に謝罪に行った。

中から出てきたのは老夫婦で、事情を説明すると、

「近頃なかなかこんな正直な方はいませんよ。どうぞ、お茶でも飲んで行ってください」

思いのほか喜んでくれて中に案内された。

座敷に通されて座布団に腰を下ろすと、窓が開け放たれていて風鈴がかかっている。縁側の外は庭になっており、居心地の良い家だ。

何気なく箪笥の上を見ると、そこに黒い犬の写真が飾られている。一年前に亡くなった愛犬らしい。

それを聞いて石川さんは、あの夜のことを思い出した。

足元にいた黒い塊。触れた感触、犬の毛のようだった。正体は、この家で飼われていた犬なのではないだろうか。

娘が門扉の横に置かれていた盛り塩がされたおちょこを持ち帰ったことで、その犬も一緒に連れてきてしまったのかもしれない。

ちりんと風鈴が鳴って部屋の中に風が入ってきた。

庭先の方を見ると、黒い塊のようなものが横切って奥の犬小屋の方へ消えていった。

病

# 第六感

ちょうどこの原稿を執筆している最中に、訃報が入りました。

十五年ほど前に親しくしていた知人でした。

でも、なるほどなと思ったんですよね。

ずいぶん連絡を取っていなかったのに、

数日前にその方のことを急に思い出したんです。

亡くなった日でした。ああ、知らせに来てくれたんだと感じました。

祖母が末期癌で入院していたときはこうです。

同じ時期に、離れて暮らす親戚が亡くなったと電話があったんです。

祖母には秘密にしよう、ということになったんですけれど、

病院へ行くと、私たちの顔を見るなり「○○、今朝、死んだな」と言ったんです。

虫の知らせとは言いますが、ひとは病気や亡くなる直前になると

通常では考えられない第六感というものが働くことがあるのでしょうね——

# 三十七　水疱瘡

水疱瘡《みずぼうそう》は、水疱《すいほう》・帯状疱疹ウイルスに感染することにより生じる病気で、九歳以下のこどもがかかることが多いといわれる。

私も七歳のときに経験したが、発熱と発疹で数日間苦しんだ。この発疹が水ぶくれとなって、とにかく痒い。潰すと痕が残るから掻くことを禁じられていたが、相当辛かったことを今でもはっきりと覚えている。

沙耶さんは十七歳のとき、水疱瘡にかかった。

大人になってからかかると、重症になるケースもある。彼女もご多分に漏れず、高熱にうなされていた。発疹は頭の中や口内にまで広がり、食事を摂ることもままならない。少し前にググったとき、この病での死亡例があるという記事も見ていた。弱気になっていた彼女は、布団の中で次第に意識が遠のいていった。

気づくと少し離れたところから、自分の寝ている姿を見つめていた。すると、寝ている自分の頭から、ずるっと透明なもうひとりの自分が抜け出てくるのが見えた。

あ、私もう完全に死ぬじゃん。

そう思っていると、どこからか手が伸びてきて、抜け出てきた沙耶さんの頭を押さえると、寝ている本体にねじ込んだ——ところで覚醒した。

姉が心配そうに見下ろしながら言う。

「あんた、今抜けそうだったから戻しておいたよ」

# 三十八　いびき

太田さんは、肝臓の治療のため入院することになり、六人部屋に入った。

消灯時間がきて、看護師が病室の灯りを消して出ていく。布団をかぶって目を閉じ、無理に眠ろうとしたのだが、なかなか寝付けなかった。

しかも、右隣の患者のいびきが、とにかくうるさくて仕方ない。はじめは我慢をしていたのだが、途中で息が止まったりするから余計に気になる。

(看護師を呼びにいってなんとかしてもらおうか……)

仕切りのカーテンを開けると、左隣の患者も同じように顔を覗かせたところだった。

「さすがにうるさいですね」

「看護師呼びますか」

少しすると看護師が病室に入ってきたので伝えた。

「こっちのひとも、いびきがうるさくて眠れないみたいなんです」

左のベッドを指さすと、看護師は妙な顔をして言った。

「……今、こちらのお部屋は太田さんだけですよ」

見渡すと、左右どちらもカーテンが開いており、きれいにシーツが畳まれていた。

後になってから、数日前にこの部屋にいた二名の患者が、立て続けに亡くなったことを知らされた。

## 三十九　男雛女雛

ある女性に電話インタビューしていると、同居している息子さんも体験談があるというので、聞かせてもらった。

彼は小学五年生のときに、突然全身に蕁麻疹《じんましん》ができて非常に困ったのだという。病院へ行って検査をしてみたものの、原因はわからなかった。頭の先から足のつま先まで、発疹まみれになった。

お風呂上りに薬やクリームを塗ってみても効果は見られず、学校へもしばらく行くことができなくなった。

痒みに耐えながら布団に横になっていると、夢を見た。

彼は広い空間に座っている。すると、突然目の前に二体の人形が現れた。

それは、雛飾りで見る男雛と女雛だ。

二体の人形は、いきなり彼に飛び掛かってきた。ふり払っても逃げても、追いかけてくる。

「助けて！」

自分の声で目が覚めた。全身汗でびっしょりだ。

隣で眠っていた母親を揺り起こして、今見た夢の話をした。母は少し考えこんで、リビングへ行き、電話をかけはじめた。相手はどうやら実家の祖母らしい。

「物置小屋の中」「人形」という言葉が断片的に聞こえてくる。

通話後、母が思いあたることがあると話をしてくれた。

母は、実家の物置小屋のどこかに男雛と女雛があるはず。それが蕁麻疹や夢の原因なのではないかと直感した。

人形の元の持ち主は、母の自殺した弟の妻で、嫁いできたときに持ち込んだものだったのだが「新しいものに買い替えたい。だからもう必要ない」と蓋を閉めて倉庫に仕舞った。母は、人形には生命が宿ると聞くから、お焚き上げをするなり処分するなりした方が良いとアドバイスしたのだが、義妹は言うことを聞かなかった。

電話でそう聞いた祖母は、すぐさま物置を確認した。一番奥のダンボールの中に人形は埃を被って座っていた。女雛の両目には、涙を流した跡がくっきりと残っていた。

神社でお焚き上げをすると蕁麻疹はたちまち消えて、人形の夢を見ることもなくなった。

## 四十　迷子

昨年の冬、インフルエンザで寝込んでいたという女性。

同居している姉は会社へ行ってしまったので、看病人もなかった。

昼頃、熱は四十度を上回り、次第に息も苦しくなってきた。コロナ禍で救急車も呼びづらい状況だった。

このままだとまずい。もしかしたら本当に死ぬかもしれないなと思っていると、足元で黒いものがフワっと舞った。

（まさか、死神？　私を迎えにきたのかな）

その黒いものは、フードを目深に被った男だった。

高熱のせいで、一瞬死神かとも思ったのだが、冷静に考えれば強盗か不審者のどちらかだろう。抵抗する体力も気力もない。なすすべもなく、じっとしていると、男はこちらに近づいてきた。そして真上から、

「ねえ、ここって何丁目？」

そう訊ねてきた。

「三丁目ですけど」

力なく答えると、男は「あ、間違った」と言うや否やその場でフッと消えた。

無理矢理、躰を起こして窓や玄関を確認すると、鍵はすべて閉まっていた。

その後、熱も下がったので、近所のコンビニへ食料を買いに出かけた。その帰り道。

隣の二丁目付近を通りかかると、忌中の札が出ている家があった。

「死神も迷子になることってあるんだ」

あのとき答えていなかったら、自分が連れて行かれていたかもしれない。そう思うと、背筋が冷たくなった。

# 四十一　掃除の時間

彩香さんはその日、熱で高校を休んでいた。

いつの間にか夢を見ていて、教室の後ろ扉から中を覗いている。

どうやら掃除の時間のようで、クラスメイトたちは校内着姿でせっせと働いている。

それをぼんやり眺めていると、友人のちいちゃんが、ひょいと顔を上げてこちらに向かって走ってきた。

（あ、ばれる）

とっさに顔を伏せると目が覚めた。時計を見るとちょうど学校の掃除の時間だった。

翌日、熱が下がって登校すると、ちいちゃんが駆け寄ってきた。

「彩香、昨日学校来てたよね？」

「え？　休んだよ」

「掃除のとき、後ろの扉のところに立ってたじゃん。話しかけようとしたら、いなくなっちゃうんだもん。保健室にでも行ったのかと思った」

旅

# 白浜の宿

ある男性が家族と伊豆の白浜にある民宿に泊まりに行ったときのことです。
温泉に浸かってから部屋でのんびりと豪華な夕食に舌鼓をうっていると、
一瞬会話がぴたりと止まって、家族全員揃って入り口の方をふっと見た。
いつ入ってきたのか、扉の前に見知らぬ女が立っているんです。
女は家族を見回すとニヤッと笑って消えてしまった。
翌朝、チェックアウトして、
車で帰宅途中、高さ八メートルの橋から川に転落。
幸い全員一命はとりとめたものの、大ケガを負ってしまったんです。
事故と関連性があるのかはわかりませんが、あの女がいったいなんだったのか、
今も気になって仕方がないそうです――

# 四十二　水音

夏休みを利用して家族や親戚と一緒に大人数で旅行を楽しむ方もいるだろう。

岡田さんもこどもの頃は、親族揃って毎年さまざまな観光地へ連れて行ってもらっていたという。

小学四年生の夏は、能登半島が旅先に選ばれた。年齢の近い、いとこたちと会うのも一年ぶりだ。昼間は海で遊び、夜は花火を楽しんだ。

宿泊したのは二階建ての古い旅館だった。一階は大広間、二階が客室になっている。

この日は岡田さん一族しか客はいなかった。部屋の襖《ふすま》は取り外し、横一列に布団を敷いて十数人が川の字になって眠った。

真夜中頃、室内で水の音が聞こえたような気がして目が覚めた。隣に眠っていた、いとこのお姉さんも目を開けている。

「聞こえる？　なんの音だろう？」

「水の音だね。もしかして雨かな」

ほかのこどもたちも次々に目を覚ます。

窓を開けて確かめてみたのだが、雨は降っていない。天井や戸も調べてみたが、原因はよくわからなかった。

諦めて布団に戻ったときだった。仰向けに寝転がった妹が悲鳴をあげた。天井を指さして震えている。それにつられて、ほかのこどもたちもいっせいに見上げると、四角い穴が開いており、そこから老人が顔を出している。老人は部屋の様子をキョロキョロと見まわした。髪はびしょ濡れで、その雫が畳に落ちていた。

「うわあ！」

岡田さんもほかのこどもたちも部屋を飛び出し、一階の大広間へ降りていった。しばらくして部屋に戻ったのだが、なぜか、大人はひとりも目を覚まさなかった。

夜が明けて、旅館の従業員に天井のことを聞いてみたが「今までそんな報告を受けたことは一切ありません」と怪訝な顔をされてしまった。大人たちも「夢を見たのだろう」と相手にしてくれなかった。天井には、四角い穴などどこにもなかった。

あれから三十年ちかく経つ。親戚の集まりがあると今もいとこたちとの間では、あのときの話になる。みんなあの老人の姿を克明に覚えているという。

## 四十三　ペンションの娯楽室

広樹さんは若い頃、バイク屋で知り合った仲間たち八人とツーリングクラブを作っていた。月に一度のペースで泊りがけで出かけていたという。

必ず一台は車で同行し、車内から、走るバイクの撮影をしながら目的地に行くのが恒例となっていた。

その月の行き先は長野県で、とあるペンションを貸し切って宿泊することにした。感じの良い若い夫婦が経営しているペンションは木立の中にあり、近くには小川が流れる自然豊かなロケーションだ。

チェックインをしてから、今日撮影した動画を観ようという話になった。テレビは娯楽室に一台あるのみだったので、風呂と食事を済ませた後で集まった。

娯楽室は、大量のぬいぐるみで溢れかえっていた。うさぎやくま、イルカなど、種類はさまざまで、ざっと見て五十体はあるのではないだろうか。その中央に、三十センチほどの女の子の人形が一体あった。

「すごい数だな」

広樹さんが思わずつぶやく。すると、友人の女性がひとり、突然泣きだしてしまった。

「どないしたん」

「わからへん。涙、止まらへん」

女性が答える。

泣きじゃくる女性を部屋に連れ戻り、話を聞いてみた。

女性は、娯楽室へ来る前にお風呂でひとり、髪の毛を洗っていた。すると、すっと風が入ってきたので顔をあげると、扉が少し開いていて、そこから小さな女の子が中を覗いていた。

目が合うと女の子は笑いながら足早に去っていった。貸し切りなのに、どこの子だろうと思いながら、扉を閉めた。

その女の子が着ていた洋服が、人形と全く同じ赤いタータンチェックのスカートで、顔もそっくりだったという。そして娯楽室で女の子の人形と目が合ったとたん、悲しくてしょうがなくなったのだそうだ。

翌朝、ペンションの主人にそのことを話すと、何年か前に娘さんが事故で亡くなったとのことだった。

「これに懲りずに来てください」

帰り際にかけられた主人の言葉が広樹さんは忘れられない。

ぬいぐるみや人形はもう処分されたそうだが、ペンションは、今も営業をしている。

四十四　入ってきたバス

日本の三大霊場のひとつとされる恐山での体験談もよく耳にする。

五十年以上も前のこと。小学六年生だった明さんは、八月の夏休みに祖父母と恐山を訪れた。

恐山には湯小屋があり、祖父母は年に一度、躰を癒す目的で訪れていた。

境内に源泉かけ流しの温泉がいくつかあり、参拝前に躰を清める目的で入る人もいる。

寺に宿坊があるので、明さんたちはその年、そこで一泊することにした。

夜、精進料理を食べ終えると、ふたたび祖父母と湯小屋へいき、温泉に浸かった。

既に閉門していて、一般の参拝者は中へ入ることはできないが、宿坊に泊まっている者は恐山を歩くことも可能だ。

散歩と入浴を何度かくり返し、宿坊へ戻りはじめた夜九時頃のこと。

二台の大型観光バスが入ってきた。真っ白な車体に赤いラインの入ったきれいなバスで、車内には煌々と灯りが点いている。既に閉門しているので、おかしいなと思った。

「こんな遅い時間にどうしたんだろうね」

「きれいなバスだね」

あまりにもきれいなバスだったので、三人共しばらく見入っていた。

宿坊に戻ると、祖父が子坊主さんに「こんな遅い時間に団体さんかね。大変ですね」

そう声をかけると、彼は首を横にふった。

「そんなはずはありません。駐車場から向こうにゲートがあって、夕方、とっくに閉まっていますから。バスが入ってくることはありませんよ」

でも、いたもんねと三人で話しながら部屋に戻って消灯した。

翌朝、ロビーに設置されているテレビを観た祖母が「あれ?」と声をあげた。

川に転落したバスを引き上げているニュースが放映されている。原型を留めぬほどに大破した車体が映し出されているのだが、昨日見たあのバスそのものだった。

飛騨川バス転落事故だ。一九六八年八月十八日、豪雨による崖崩れで二台の観光バスが岐阜県の飛騨川に転落。一〇四名の尊い命が奪われた。濁流で救助が難航し、すぐにバスを引き上げられないというニュースを十八日に見ていた。

「みなさん、昨日ここへ着いたのね」と、祖母が小さくつぶやいた。

## 四十五　登山写真

剛さんは、父、母、兄と四人で新潟県の米山に登山した。山頂までは約二時間三十分。さほど高い山ではないので気軽に登ることができた。

山頂で弁当を食べてから下山する。その途中で記念写真を撮ることにした。

家族の先へ回り、カメラを構えてファインダーを覗き込む。すると、両親と兄、それぞれの顔の間から、帽子をかぶった園児がピースをして一緒に写ろうとしている。

家族写真を撮りたかった剛さんは、

「ちょっとあっち行ってて」

そう言ってファインダーから目を外した。ところが、今いたこどもの姿はない。どこかに隠れたのだろうかともう一度カメラを構えると、無数の手がこちらに向かってピースサインをしていた。

東

# 信号待ちで

ある男性が、職場から車で帰宅途中のこと。

そこは田舎道で、夜はほとんど車通りがない場所なんだそうです。

信号に向かって直進していると、電話がかかってきたので、路肩に停めて通話をはじめたんです。

五十メートルほど先にある信号は押しボタン式になっていて、常時青色が点灯しているんですが、ふと見ると赤に変わった。

ちょうどそのタイミングで後方から爆音で音楽を流しているヤン車が来て、その信号の前で停車しました。

すると、いつの間にかその車の外、助手席側にウエディングドレス姿の女性が立っているんです。

こんなところで待ち合わせなのかなと思っていると、突然その女性の背骨が直角に折れ曲がってフロントガラスから顔を突っ込んだ。

うわ、ヤバいモノを見てしまった——思わず電話を切って一瞬目を逸らすと、女はいつの間にか運転席側に回って中を覗き込んでいたそうです——

## 四十六　運転免許

私は昨年末、一念発起して自動車の運転免許を取得した。若い学生たちに交じって、千葉県の山奥にある教習所に二週間、合宿生として参加した。

第一段階で基本操作を覚え、第二段階に入るといよいよ公道に出る。

初めての路上運転は夜間教習だったのだが、緊張している私に助手席の教官はこんな質問をしてきた。

「免許が取れたら、どこに行きたいですか？」

私はいつものくせで「心霊スポットです」と即答してしまった。ヤバいことを言ってしまったと瞬時に反省したのだが、教官はこんなことを話しだした。

「そういえば、もう二年くらい前だけど、今と同じように夜の教習中で変なことがあったなぁ。教習生は若い女の子だったんだけど、この道を走っていたら、急にその子が〝わっ〟と声をあげてハンドルを切って車を停止してね。〝この女のひと、なんでこんなところに立ってるんですかね、危ないですよね〟って言うの。誰もいないのに。それが、今走っているこの道で、すぐそこに墓地があるんだよ。だからかなぁ。幽霊が見えていたのかな、あの子」

この手の話は「ドライブあるある」ではあるが、初めての路上教習で、まさか怪談が聞けるとは思わなかった。色々と肝を冷やしたが、なんとか卒業して無事に免許を取得した。


それから私はすぐに練習がてら、栃木県までドライブに出かけた。

片道三時間も運転しているうち、だいぶコツも掴めるようになった。いくつかお寺巡りをして埼玉県へ入った頃には夜になっていた。

とあるコンビニのある交差点を左折したところ、反対車線で信号待ちをしている車の列の間から、若い女の子と母親が飛び出してきた。

私は慌てて急ブレーキを踏んだ。速度を落としていたので後続車に追突されずに済んだのだが、姿を探すも、そこに親子の姿はなかった。

見通しのいい車道で、ひとの姿を見失うような場所ではない。

まさかの「ドライブあるある」を、自分自身で体験するとは思わなかった。

# 四十七　松明

敏雄さんは、横浜横須賀道路、通称・横横道路をバイクで走行中、大きな事故現場に遭遇した。

進行方向の数メートル先に、転倒したバイクと投げ出された運転手の姿が見えた。ちょうど後方から救急車がサイレンを鳴らしながら接近してきたので、減速して道を譲ったが、運転手が助かる見込みはないことは一目瞭然だった。

心の中で合掌し、敏雄さんは加速をはじめた。

（気を引きしめて運転しなければ）と、同じバイカーとして胸が痛んだ。

事故現場から二、三分ほど走ると、前方の四輪駆動車が目に留まった。なにか変だ。車体後方に取り付けてあるリアラダーに女性がつかまっている。

（まさか運転手は気づいていないのか？）

一刻も早く知らせなければと速度をあげて車を追う。ようやく距離が狭まり、女性を見た瞬間、おぞけが走った。

リアラダーにしがみつくその女性の全身が、真っ赤なのだ。髪の毛も真っ赤で、まるで松明《たいまつ》の炎のように風になびいている。

声も出ないほど驚いて更に加速した。

追い抜きざま、横並びになったところで女と目が合った。女は、口を大きく開けてゲラゲラと大笑いしていた。喉の奥まで真っ赤だった。

事故の原因がわかった気がした。

# 四十八　峠道

長野県軽井沢町と群馬県との県境にある碓氷峠《うすい》は、車好きやロードバイク乗りのみならず鉄道好きにも有名な峠だ。峠道は、国道十八号線の一部になっており、横川駅から軽井沢までを結ぶ。全長は十一キロほどで、この間にコーナーは一八四か所もある。

数年前の秋のこと。車好きで走り屋だった幸人さんは、夜な夜な碓氷峠を攻めていた。週末は台数がかなり多く混み合うので、あえて平日の深夜を狙って出かけるようにしていた。

その夜は静かで、途中で二、三台の車とすれ違ったくらいだった。

コーナーをいくつか回るうちに急激に疲れが出たので、休憩がてら一〇〇番台の待避所に適当に車を停めるとタバコに火を点けた。

煙を吐き出し、何気なくルームミラーに目をやると、リアウィンドウの外に緑色の光が見えた。近頃では見る機会がうんと減った蛍だ。ミラー越しに見ていると、その蛍の光が三つ四つと増えていく。

そのうちに、おびただしい数の緑色の光がかたまって、上っていく。

なんだろうとふり向くと、蛍の姿はひとつもない。

(あれ?)

車を降りて辺りを見回したが、暗闇が広がるばかりだった。ふと足元を見ると、後輪のタイヤが、崖すれすれの位置で停車していた。

あとわずかでもバックしていたら、今頃この話をあなたにできていなかったでしょうと幸人さんは語った。

# 四十九　深夜のガソスタ

夜中の一時を過ぎてから、夫がガソリンを入れ忘れたと騒ぎだした。

数日前、一緒にスーパーへ行った帰りに「そろそろ入れておいたら?」と助言していたのに、すっかり忘れていたのだという。朝の出勤途中だとせわしないから、今夜中に入れたいと鍵を掴んで玄関へ向かいだした。心配になった妻は同乗してついていくことにした。

近所に二十四時間営業の大きなスタンドがある。立地が良いので、深夜帯でも、そこそこ客の入りは良い。

手前に八か所の給油スペースがあり、停めやすい端が空いていた。

「ここにしたら?」と指をさすと、夫は返事もせず切り返しをして、わざわざ停めにくい奥の方へ進んでいった。

イラっとした妻は「空いてるのに」と言ったのだが、それでも無言を貫く。

「あなた、どうしたのよ」

車を停めると夫は「あれ見て」と目くばせをした。

先ほど停めようとしたスペースの横に青い軽自動車がいるのだが――リアウィンドウに老婆が顔を張り付けている。後部座席から後ろに向いて躰を乗り出しているように見える。認知症なのかもとも思ったが、どうもおかしい。まるで山姥のような風体で躰が座席に食い込んでいるようにも見えた。

運転手は気がついていないようで、給油が済むと車は老婆を乗せたまま、スタンドを出ていった。

# 五十　別々

沢口さんという女性から聞いた話だ。

高校生の頃、愛知県の祖父母の家に行った帰り、母親の運転する車の助手席に座って自宅を目指していた。

米原JCTから北陸自動車道に入って間もなくトンネル、というときだった。

入口ギリギリのところ、道路の真ん中で、両膝を抱えて座る人影が見えた。

「危ない！」

沢口さんと母親は同時に叫んだが、車体に衝撃はなく、そのままトンネル内に侵入した。

ふたりともしばらく口を利かなかったが、山間部を抜けた頃、沢口さんの方から、

「さっき、トンネルの入り口に、体育座り……」

そう言いかけたところで母親は遮るように言う。

「車の前を真横に横切っていったよね」

どうやら母と娘は同じ場所で、別々のものを見てしまったようだ。

# 五十一　スクーター

中野さんが友人と久しぶりに一緒に食事に出かけた日のことだ。

行きつけの定食屋へ入って話し込んでいるうちに、気づけば閉店時間をとうに過ぎていた。

会計をして表に出ると、星空が広がっている。

まだ話し足りなかったふたりは、ドライブをすることにした。定食屋のある山の麓から中腹の広場を目指す。

しばらく走っていると、フロントガラスに雨粒が落ちてきて、そのうちに滝のような大雨となった。ワイパーを作動させても前がよく見えない。速度を落として慎重にアクセルを踏む。

すると、その土砂降りの中、前方になにか動くものが見えた。目を凝らし確認すると、一台のスクーターが雨に打たれながらフラフラと走っている。

「おいおい。大丈夫かな」

かなり遅いので追い抜こうと少しだけ速度を上げた。

視界が悪い。

慎重にハンドルを操作し、車がスクーターと横並びになったときだった。

「うわ！」と、助手席の友人が声を上げた。つられて見ると、スクーターの運転手の顔に、白布がかかっている。

「なにやってんだ、このひと。死ぬ気かよ。やばいって」

クラクションを鳴らし、スクーターの前方へまわると車を停めた。すぐに降りて後方を見て呆然とした。後ろにはヨタヨタ走ってきているはずのスクーターがいない。

横道もなく、辺りは静まり返っている。しばらく付近を探してみたが、ついに見つけることはできなかった。

しだいに雨脚も弱まり、ふたりは車に乗り込むと、町まで戻ることにした。

いったいあれはなんだったんだろう。同じことを考えているはずだが、車中での会話はなかった。

山を下っていくと、車一台がやっと通ることのできる脇道が視界に入った。

傍らに古い民家がある。

その玄関に一台のワゴン車が突っ込んでいて、パトカーや救急車が停まっていた。

ふと見ると、ワゴン車に押しつぶされたスクーターがある。

山道で追い抜いたあのスクーターだった。

思い返せば、あの土砂降りの中、顔にかかった白布はまったく濡れずにヒラヒラとなびいていた。また、あれだけ視界が悪かったのに、なぜそんなにはっきりとその様子が見えたのか。今でも判然としないという。

# 五十二　首

高校生の頃、ともだちにドライブに誘われたんです。そいつ、学校を休んで、合宿で運転免許を取って帰ってきたんですけど、卒業した後、親に車を買ってもらうんだって喜んでいたんですよ。

もう買ってもらったのかと思ったんですけど、その車、先輩から無理矢理買わされた中古車だったらしいんですよ。文句は言ってましたけどね。

ドライブは一日、あちこち行って楽しかったっす。でもね、帰り道にガソリンスタンドへ寄ったときに、店員から変なことを言われたんです。

『赤いオイルみたいなのが垂れてますよ』って。

ふたりとも車を降りて確認したら、何も入っていないトランクの中に、赤黒い液体があって、それがポタポタ垂れてるんですよ。なんか、血みたいでキモかったですね。

半年後、そのともだち、信号無視の車に巻き込まれて、首の骨を折って死にました。

それから風の噂で車を売りつけた先輩が首を吊って死んだって聞きました。で、一年半後、僕もね、事故で首の骨を折って寝たきりになったんですよ。

なんでこんな、首ばっかなんでしょう。

あの赤いオイル？　血？　なんだったんですかね。

明広さんは、現在も首から下がまったく動かない。口に咥えた特殊な器具を使い、チャットでこの話を聞かせてくれた。

家族

# 義母のメッセージ

「突然、数年前に亡くなった義母が目の前に現れるようになったんです」
とその女性は語りはじめました。
義母は耳元で「出ていけ。こどもを連れて出ていけ」そう言って消える。
恨まれるようなことをした覚えもないんですが、頻繁に現れるんです。
なにを伝えたいんだろうと思っていると、
ある日「殺されるから出ていけ」と具体的なことを言われて驚いた。
その時期、夫と不仲で、ときどきこどもに手をあげることもあったので、
義母の言うとおりに家を出ることにしたんです。
引っ越し先に着くと、また義母が現れて「私がなんとかするから」と言う。
その夜中、警察から、夫が単独事故を起こしたと連絡が入りました。
車内から菜切包丁が見つかって「家族を殺して心中する」と自白したというんです。
義母が助けてくれたのだと女性は感じたそうです――

## 五十三　明日

三歳の息子が、灯りの点いていないリビングで、ひとり楽しそうに笑っていた。

「どうしたの？　誰と話しているの？」母親が訊ねる。

「明日死ぬおじちゃんだよ」

翌日、入院していた兄が亡くなった。

## 五十四　どんぶり飯

こどもの頃から何かとお世話になっていた親戚のおじさんが病気で亡くなった。

（もう会えないなんて淋しい）

そう思ったせいなのか、毎晩おじさんが夢に出てくる。しかし、その内容は奇妙なものであった。

おじさんは座敷で正座をしながら、どんぶり飯を勢いよくかきこんでいるのだ。毎回こちらには目もくれず、一心不乱に飯を食う。そんな夢を長いこと見続けた。

あるとき、用あって生前おじさんが住んでいた家を訪ねると、仏壇の扉が固く閉めてあった。気になって開けてみたところ、お供え物はおろか、水すらなかった。

家のひとに「しっかり供養してあげてください」と頼んだその晩から、おじさんが夢に出てくることはなくなった。

## 五十五　食べたい

貴子さんが昼寝をしていたときのことだ。

「ねえ、お願いがあるんだけどさ」

父親に肩を揺さぶられ、目が覚めた。

何か用かと聞くと、チーズが食べたいのだと言う。

なんでチーズ？　わざわざ起こす？　そう思いながらも、お母さんに頼めばと言うと、

「だってお母さん、怖いんだもん」

まるでこどものような口調で答えた。そのとたん、父親が昨年亡くなっていたことを思い出した。

急ぎ台所へ行き、母親に今あったことを伝えた。

「父さん、チーズなんて食べたっけ？」

「うん。好物だったよ」

母親がチーズが嫌いで、父に食べることを禁じていたらしい。

父は生前、チーズを食べると酒を飲みすぎるから、ということもあったようだ。

酒で散々失敗をしてきた。それが原因で亡くなったようなものだ。

「まったく、仕方ないひとね」

母はため息をつきながらも、少し嬉しそうに買い物に出かけていった。

## 五十六　おかえり

五十年以上前のこと。

広子さんは四人兄弟の末っ子で、兄や姉たちとはずいぶんと歳が離れていた。両親は共働きで昼夜問わず働きに出ていたので、幼い広子さんはひとり、家で留守番をしていることが常だった。

当時住んでいた家の隣には、こどものない夫婦が住んでいて、専業主婦の奥さんが広子さんの面倒をよく見てくれた。それは両親も承知の上で、ご飯を食べさせてもらったり、お風呂に入れてもらうこともあれば、添い寝もよくしてくれた。

広子さんは親しみを込めて隣家のふたりを「おじちゃん、おばちゃん」と呼んで懐いていた。

ある夕方、自宅でひとり眠っていると玄関の戸が開いて「広子」と言いながら、おばちゃんが入ってきた。パタパタと忙しそうに廊下を歩くスリッパの音。それに続いて頭上の襖が開く。

「おお寒かった。広子、布団に入れてくれや」

そう言って布団の横にしゃがみ込んだ。

広子さんは寝ぼけ眼で「ほな、入りいな」と掛け布団をまくった。

おばちゃんは中にもぐり込むと「寒い、寒い」と広子さんの躰を抱きしめた。おばちゃんの足先が触れる。

「冷たッ」あまりの冷たさに驚いた広子さんは布団を跳ね除けて、なぜか窓辺に行き、掃き出し窓を開けると庭に向かってこう叫んだ。

「おばちゃん、おかえり」

その直後、表の門扉が開いて、隣家のおじちゃんと大勢の大人たちが棺を抱えて庭に入ってきた。おじちゃんが広子さんを見て言う。

「広子、お前、おばちゃんが死んだの、知ってたんかいな」

幼かった広子さんは、少し前からおばちゃんが躰を壊して入院していることを知らなかった。

おばちゃんは、我が子同然のように可愛がっていた広子さんを心配して最後に会いに来たのかもしれない。

おじちゃんは今も存命で家族同然の付き合いが続いている。

## 五十七　謝罪

千葉県の図書館で、拙著『千葉怪談』を偶然手にしたという七十代の知代子さんから、聞いてほしいことがありますと連絡をいただいた。日程を合わせて話を伺いに行った。

「五十年も前のことなんです。妹が十六歳のときに亡くなったんですけどね、通夜の二日目、あの子の担任がいきなり家を訪ねてきて『謝罪したい』と言うんです」


宮城県の進学校に通って勉強漬けだった妹が体調を崩しはじめたのは、中学生の頃だった。病院をいくつか回った結果、糖尿病が原因であることが判明した。

高校生になると病状は更に悪化し、妹は学校を休みがちになった。

母親は病気のことを学校に伝えてはいた。しかし妹が登校すると「こどもが糖尿病にかかるはずはない。勉強をしたくないからずる休みをしているのだ。たるんでいる」と嫌味を言われ、無視をされた。いわゆる教師によるいじめだった。

当時、糖尿病は成人男性がかかるものだと考えられていた。

妹は誤解が解けぬまま、病に伏し、亡くなった。

担任は謝罪させてくださいと額を地面にこすりつけた。両親や知代子さんが困惑していると、彼は肩を震わせながら言う。

「娘さんが、夜になると枕元に座っているんです。私を待ち構えたように、待っているんです。私、眠れなくて」

どうか許してください。と、しばらくの間、土下座を続けた。

担任が帰った後、妹の仏壇のおりんが鳴り、明け方近くまで響き渡った。それはまるで、歓喜の鐘のようだったという。

(あの子、今夜も行くんだろうな)

知代子さんはそう感じたそうだ。

## 五十八　納骨

知代子さんは困っていた。

八十三歳の父親が亡くなり、納骨のために夫の運転する車で寺に向かっていたのだが、道に迷ってしまっていた。

幾度となく通ったことのある地元の道で、トンネルを抜けると寺に続く集落へ入る脇道があるはずなのだが、ないのだ。

先ほどから、ぐるぐると同じ道を行ったり来たりをくり返している。夫からは、

「俺には道はわからないから、案内しっかりしてくれよ」

そう責められるし、後部座席のこどもたちからも、どうしたのとせかされる。しかしいくら探してもあるはずの道がない。

途中で何度かひとに道を教えてもらっても、どうしてもたどり着けず、かれこれ一時間が経とうとしていた。

父は婿養子だった。肉屋を営んでいた母の元へ婿入りしたのだが、博奕が止められず、家族は家屋敷をすべて取られ、相当な苦労を強いられた。

母の遺言は「絶対にあのひとを同じ墓に入れないで」だった。

知代子さんは、膝に載せていたお骨を思い切り叩いた。

「お父さん、いい加減にしなさいよ。みんなにお詫びしてお墓に入れてもらいなさい」

すると目の前に、探していた道が現れた。

寺では既にほかの親戚が待っており「遅い」と叱られたのだが、知代子さんたちが到着する直前、墓がぐらぐらと動いて黒い靄《もや》のようなものが出て騒ぎになっていたという。

## 五十九　戸締り

その晩、彼は当時の小学生としてはかなりの夜更かしをしていた。居間で母親と親戚が七、八人、テーブルを囲んでお茶を飲んでいた。確か二十三時頃だったと記憶している。玄関の戸が鳴る音が聞こえた。みな一斉に顔をそちらに向ける。

鍵の閉まった戸を誰かがガタガタと鳴らす。それに続いて廊下の窓、トイレ、居間の向かいのサッシ等、家中の窓や扉を順番に閉めるような音。

母親も親戚も、ただじっとしているだけで、誰も確かめにいこうとしない。

音は最後にお勝手口の方へいくとやんだ。

母親は白布をかけて眠るもう動かない夫を見つめてつぶやいた。

「お父さん、口癖が『戸締り、ちゃんとしたか?』でしたもんね。きっと心配で見てくれたんだわ」

この日は父親の夜伽をしていた。音は初七日まで毎晩続いたという。

# 六十　足

風呂あがりに洗面所で髪の毛を乾かしていると、鏡越しに、廊下からはだしの片足がにゅっとこちらに入ってくるのが見えた。

（高校生にもなって、なにをふざけているんだか）

娘の仕業だろうと無視をしていると、引っ込めたり入れたりをくり返す。

笑いをこらえていたが、ドライヤーの電源を切って「もう、なによ」とふり向くと、誰もいない。廊下に出ても娘の姿はなく、二階へいくといびきをかいて爆睡している。

思い返せば、娘よりもはるかに小さいこどものような足だった。

# 六十一　臨月

現在六十代の春子さんが、三十年以上前に体験したできごとだ。

当時、臨月を迎えていた彼女は、夫を玄関で見送ったあと、和室で座布団を二つ折りにして、それを枕にして横になった。

梅雨時で、その日も朝から雨が降っていた。雨音を聞いていると、いつの間にか、とろとろとし出した。

首のあたりをなにかにグッと押されて目を覚ますと、すぐそばに誰かが座っている。藍染の着物に山吹色の帯を絞めた見知らぬ老婆だ。驚いて躰を起こすとその老婆は姿を消した。

帰宅した夫に朝のできごとを話すと、彼は少し考え込んでから、

「その着物、知ってるよ。うちの実家にあるよ」と言う。

次の休日、夫の実家へ連れて行ってもらった。

和室の箪笥の引き出しを開けると、たとう紙に包まれた着物と帯が出てきた。まさにあの日見た着物そのものだった。

それは、義祖母が生前愛用していたものだったらしい。結婚前に亡くなっていたので、春子さんは一度も会ったことがなかった。

「出産前に君の前に現れるだなんて、ばあちゃん、ひょっとしたら生まれ変わるかもな」

夫は嬉しそうに笑う。

予定日は六月三十日だったが、半月も早い十六日に彼女は元気な女の子を産んだ。

六月十六日は、義祖母の命日だった。

## 六十二　記憶

前項の春子さんの娘である夏さんには、ふたりの娘がいる。

長女を出産した際、切迫早産だったため、張り止め（子宮収縮抑制薬）を内服し安静にしている必要があった。張り止めの薬を入れると躰の内側から熱が上がって呼吸もしんどくなる。まさに命がけの出産だった。

その娘が四歳になり、幼稚園に入学して、しばらくしたある日のこと。

赤ちゃんの頃の写真を画用紙に貼り付けて、自分の名前を書くという工作の授業が行われることになった。

自宅で写真の準備をしていると、娘が突然こんなことを言った。

「お母さん、私がお腹にいるとき、しんどかったでしょ」

「え？　誰かに聞いたの？」

「ううん。誰にも聞いてないよ。私、知ってるよ。切迫早産だもん。すごく熱が高くてしんどかったよね」

まるで、おとなのような顔つきと口調で言う。夏さんは呆気にとられてしまった。

出産に対する恐怖心を植え付けないようにと、その話をしたことは一度もなかった。

娘はそれきりその話をすることはなくなり、後になって聞いてみても、まったく憶えていないそうだ。

## 六十三　娘の言葉

似たような話がある。

平成十三年のある夕方、美穂さんは薬局に陳列されている薬の箱を裏返して成分を確認していた。

（どれを組み合わせたら死ねるだろう）

毎週金曜日はノー残業デーなので、いつもより早く退社できるのだが、足は自宅ではなく、薬局に向く。

会社にいる間は両親が三歳になる娘の面倒を見てくれている。早く迎えに行かなければならないことは、十分わかっていた。

しかし金曜はいつも以上に迎えに行く時間が遅くなってしまう。ふたり目の子を流産してから、死ぬことで頭がいっぱいになっていた。

美穂さんはしばらく逡巡すると陳列棚に薬を戻した。

実家に行くと、娘は無邪気に笑って車に乗り込んだ。

なんで死にたいと思ってしまうんだろう。娘を見ると自分のふがいなさに哀しくなる。

自宅に到着し、先に靴を脱いで部屋に上がった娘が廊下をトトトと駆けていく。

やがてリビングに続く扉の前に立った。

「自殺っていうのは、自分で自分を殺すっていうことなの。自殺は駄目だからね」

まっすぐにこちらを見て言うと、中へ入っていった。三歳のこどもとは思えぬはっきりとした口調だった。

「自殺」や「殺す」という言葉が出てきたことにも驚いた。この日を境に、美穂さんは薬局へ足を運ぶことはなくなった。

その後、何度か娘に聞いてみたのだが、まったく憶えていないのだという。

現在二十一歳になった娘さんに、私も直接聞いてみたのだが、

「そんなことあったかなあ」

そう首を傾げるばかりだった。

## 六十四　答え合わせ

「ああ、この顔だ」

棺の中に横たわる義兄の顔を見て思い出した。

葬儀が行われていたときのことである。

ある夜中、尿意で目を覚ますと、空中に鼻と口元だけの部分が、ぽわんと浮かんでいるのを見た。それはトイレに行く後ろをついてきた。

用を足してから台所で喉を潤している間もついてくる。

その口元をどこかで見たことがある気もするのだが、どうしても思い出せない。

もう少し上まで見えたら誰だかわかるのに。電気を点けると、それは消えてしまった。


数日後、夫の兄が亡くなった。

「ああ、この顔だ」

腑に落ちた。

## 六十五　それだけ

夕食後、浩則さんはふたりのこどもたちと台所で遊んでいた。

狭い家ではあったが、鬼ごっこをして大騒ぎ。

はしゃいで逃げ回るこどもを追いかけていると、ふいにどこからか視線を感じた。

辺りを見回すと、冷蔵庫の上で、離れて暮らす寝たきりの母親が横になってこちらをじっと見ている。

浩則さんは気にも留めず、ふたたびこどもを追いかけて鬼ごっこを続けた。

しかし、翌日、やはり心配になって実家へ行った。母親は浩則さんの顔を見るなり、

「お前《ま》んところは、良い家族じゃのう」

そう言ってニコニコ笑っている。

「昨日、見に来たん？」

「うん。行った」

「あ、そう」

特にそれ以上の話はしていない。

# 六十六　浴衣

広島市内にある真紀子さんの家は、築百年以上の二階建ての日本家屋だ。原爆の被害も多少受けたが、これまで度々増築やリフォームをくり返し、現在も昔ながらのたたずまいを保っている。

中学生の頃、学校から帰ってきた真紀子さんが二階へ上がろうとしたところ、階段の真ん中で浴衣を着た二、三歳くらいのこどもが頬杖をついて座っていた。

「え、どこの子？」

思わず口に出すと、女の子は階段を軽快に駆け上がっていき、そのまま壁の中に消えた。

見覚えのある浴衣だったが、はっきりとは思い出せない。ちょうど帰宅した姉に「あのさ」と言いかけると、

「浴衣着た女の子いたね」

そう返ってきた。どうやら気のせいではなく姉にも見えていたようだ。

後日、こどもの頃のアルバムを開くと、あの浴衣が写っているページを見つけた。

真紀子さんが三歳のときに着ていた浴衣だったのだが、あの女の子が誰だったのかは誰にもわからなかった。

# 六十七　留守番

賢司さんが小学三年生の頃のことだ。

学校から帰ってくると、両親も姉もまだ家にいなかった。

ともだちと遊びに出かけて帰ってきたら、中学生の姉はいたのだが、両親の姿はない。

晩ご飯の時間になっても帰ってくる気配はなかった。

姉が簡単な食事を作ってくれたので、ちゃぶ台で向かい合せになって食べ始めた。

どうやら父の弟である叔父がいなくなったらしい。両親が捜しに行っているという。

姉は恐らくなにか事情を知っているのだろう。賢司さんは幼心になんとなく聞いてはいけないような気がして、黙ってご飯をかきこんだ。

食事を終えてからも両親は帰ってこない。

テレビを観ていると、網戸の向こうに叔父がひょっこり現れた。

ふたりは慌てて窓辺に駆け寄ると、

「叔父ちゃん、どこに行ってたの？」

「みんな捜しに行ってるよ」

矢継ぎ早に声をかけた。

「中、入りなよ」

手招きをすると電話が鳴った。姉が受話器を取る。

「もしもし。叔父ちゃんなら、今ここに来てるよ」

かけてきたのは父親のようだ。

姉は受話器を置くと、首を傾げて電話の内容を賢司さんにも伝えた。叔父の遺体を発見したという。しかし、叔父は今こうして目の前にいる。なにかの間違いだろう。網戸の外に向かって、

「叔父ちゃん、変な電話がかかってきたよ」

そう言うと叔父は「ごめんな」と涙を一筋流し、その場で消えた。


叔父は近所の山林に停めた車中で排ガス自殺を図った。発見時には既に死んでいた。

大人になってから知ったことだが、父が叔父の妻と不倫関係にあったらしい。

叔父は実の兄を恨んで現れたのではなく、幼い甥っ子と姪っ子を心配して顔を見せに来たのだった。

## 六十八　きっかけ

きっかけは中学三年生のときだった。

留守番をしていた絵美さんが部屋でお菓子を食べながらバラエティ番組を観ていると、誰かが窓を叩いている。両親のどちらかが帰ってきたのだろう。面倒だったので座ったまま、

「どうしたの？　うるさいよ。玄関の鍵、開いてるでしょ」

そう言ったのだが、まだ叩き続けている。

窓を見ると、他県に住む大伯父の顔が見えた。直後、電話が鳴り、その大伯父が亡くなったとの報せが入った。

叔父のときは、足音が家の中へ入ってきた。そして絵美さんの部屋の扉を勢いよく叩く。そのすぐ後に電話で報せが入った。

ある日、また何者かによって窓が叩かれた。

絵美さんは、入院している曾祖母が亡くなったのだと直感した。

窓の外を見ると、やはり、赤いとっくりセーター姿の曾祖母が立っている。

「今、病院からの電話が鳴るから待ってて」

絵美さんはそう言ってから、台所にいる母に伝えに行った。

「たぶん、ひいばあちゃん亡くなったよ」

すぐさま病院から電話がかかってきた。

部屋に戻って窓を見ると、曾祖母がまだいて、中を覗いてガラスを叩き続けている。

「わかった。今、準備して行くからちょっと待って。そんなにせかさないでよ。夜だし大変なんだから」

曾祖母は、返事こそしなかったが、うなずくようなしぐさをしていなくなった。

それからも、身内が亡くなるときは決まって窓や扉を叩かれる。

「わかった」と話しかけると音は止むのだという。

# 六十九　常居

岩手県盛岡市に住む広樹さんが小学生の頃だから、今から三十年前の話だ。

当時の広樹さんの自宅は、明治時代に建てられた古い屋敷で、農家の祖父母と両親とで暮らしていた。

玄関の引き戸を開けると土間。上がり框《かまち》を上がると、神棚が置かれた常居《じょい》がある。常居は家の中心部で吹き抜けになっている。現代で言うところの居間にあたる。常居の床は板の間になっているのだが、板と板の間に一センチほど隙間が空いていて、冬はとにかく寒くて厭だった。

あるとき、伯父夫婦が新築を建てることになった。

家が完成するまでの間、伯父夫婦と三歳の従弟が同居することになり、大所帯となった。その従弟は、ようやく言葉を話せるようになってきたので、広樹さんは一緒に遊ぶことを楽しみにしていたのだが、この子は少し変わっていた。

夕ご飯ができたので呼びにいくと真っ暗な仏間で襖を閉めて中で何か話をしている。

「ご飯、できたよ」

声をかけると、従弟は中で「おじちゃんもおいでよ。ご飯だよ」と言う。襖を開けると誰もいない空間に向かって手招きをしていた。

こんなこともあった。

広樹さんが学校から帰ってくると、従弟が常居で立膝をついて下を向いている。そして床の板と板の隙間になにか入れた。そして、ぶつぶつとつぶやいている。

従弟は、隙間におもちゃをねじ込んでは床下に落としているのだ。

「ちょっと、なんでおもちゃを捨てるの?」思わず声をかけた。

「下のひとにあげてるんだよ」と従弟は笑う。

広樹さんは怖くなって、祖母のところへいくと従弟の様子を話した。すると「あの子には見えてら。うちにいるモンが。良いんだよ」と言う。

伯父の家が完成するまでの間、大人たちがいくら止めても従弟は床下に「おじちゃん、どうぞ」と食べ物やおもちゃを落としていた。

広樹さんやほかの大人たちには一切何も見えなかったが、従弟と祖母には何かが見えている。常居の床下には「おじちゃん」なる者がいたようだが、今もそれが誰なのかは知らないそうだ。

# 七十　相棒

畑山さんは、もの心ついた頃から雌猫のチビと一緒に生活をしていた。ひとりっ子だった畑山さんにとって、チビは姉であり親友でもあった。一緒に遊び、寝る。常にそばにいた。

ところが、父の転勤で引っ越しが決まると、チビはよそへもらわれていった。新しい家では猫が飼えないからだった。

引っ越しをしてしばらく経ったある夜、急に目が覚めた。

何気なく足元の方を見ると、箪笥の上で、見知らぬ子猫が毛づくろいをしている。チビがいない生活が悲しかった畑山さんは、なんで猫がいるのだろうと思いつつ嬉しかった。

すると右手にフワッとした感触があったので見ると、別の子猫がいて、手の平に乗ってきた。反対側にも別の子がいた。合計三匹の子猫が部屋の中をコロコロと駆け回り、そのうちに疲れたのか畑山さんのそばで眠ってしまった。その様子を見ていた畑山さんも子猫と一緒に眠った。

朝、目を覚ますと三匹ともいなくなっていた。

月日が経ち、あの不思議な晩のことを思い出した畑山さんは母親にその話をした。すると、ちょうどその頃、チビは引き取られていった家で三匹の子猫を出産したとのことだった。残念なことに、三匹とも死産だったという。

（一緒に遊んであげてよ）と、チビが三匹の子猫を畑山さんのところに連れてきたように思えてならなかったそうだ。

## 七十一　誰だっけ？

気がつくと、原田さんは真上から自分の寝ている姿を見下ろしていた。

(なにこれ。幽体離脱ってやつ？　どうしよう)

もしかしたら元に戻れなくなるかもしれない。恐怖心でいっぱいになった。

躰を動かしてもフワフワと空中に浮かんで、自分から徐々に離れていく。

(お願い、戻って！)

突然、ジェットコースターに乗っているかのような勢いで引き戻されると、布団の上にいた。すると、知らない女の子が頬杖をついてこちらを見ていた。

「うわっ！」と慌てて飛び起きると、女の子は部屋の中を走り出した。

「こらっ。どこの子？　なにしてるの、ここで？」

原田さんは布団から出て捕まえようと手を伸ばす。女の子は届く寸前のところで、それをよける。なぜか恐怖心は無くなっている。追いかけながらも、その子のことをなんとなく知っているような気がした。

(誰だっけ？)

なかなか捕まえられず、息が切れてくる。

電話が鳴った。相手は母親で、入院中の祖母が息を引き取ったという報せだった。受話器を置くと女の子の姿は消えていた。

葬儀も終わり、祖母宅で遺品整理をしていたときだった。あの晩見た女の子が写っているモノクロ写真を見つけた。

「お母さん、これ、誰?」

「おばあちゃんがこどもの頃の写真よ。目元があんたにそっくりだわ」

祖母が亡くなる寸前に、可愛らしい姿で会いにきてくれたことが嬉しかったと原田さんは語った。

写真は、大切に飾っているそうだ。

## 七十二　ご飯の香り

山梨県に住むある男性の曾祖母の体験談なので、ずいぶん昔のできごとになる。

その日の夕方、土間で夕食の支度をしていると、嫁いだはずの娘が入ってきた。

「あら、あんたどうしたの？　もう少しでご飯も炊きあがるから、食っていけし」

娘は、首を横にふって、

「行かなきゃいけん場所がある。ご飯の香りだけ嗅がせてもらう」

そう言って、釜の蓋を開けた。土間に湯気が立ち昇ったと同時に娘の姿は消えた。

不思議に思っていると翌日、産後のひだちが悪く床に臥せっていた娘が亡くなったと電報が届いた。

## 七十三　外便所

宮城県のとある集落に志保さんの祖母宅はある。

農家を営んでおり、辺りは山と畑に囲まれた自然豊かな場所だ。

ところが、この家の便所ではときどき、奇妙なことが起こるのだという。

建物は昔ながらの造りで、母屋と倉庫のほかに外便所が設置されている。農作業中、すぐに使用できるようにと建てたものだ。

便所のまわりには目隠し用の木が植えてあるのだが、真夜中になると、その木の茂みに女が立ち、その女に見られた男は、必ず陰部がねじれてしまうというのだ。

だから男たちは、夜中には外便所を極力使用しないようにしている。


そんな迷信じみた話をこどもの頃から聞いていた志保さんだったが、ある夏、祖母の家に泊まりに行った晩、絶叫で目が覚めた。

声のした外便所へ行くと、従兄が股間のあたりを押さえながら、のたうち回って「女が出た」と叫んでいる。

救急車を呼び、従兄は外科手術をして事なきを得た。

話に聞いていたように、陰部がねじれていたのだという。

祖母の家は昔、寺の敷地だったことを志保さんは後で知る。ちょうど門構えのあたりだったところを潰して建てられたようだ。

なぜ女が現れるのか。なぜ男が狙われるのか。寺が関係しているのかどうか、なにひとつわからない。

## 七十四　螺髪

「中学生の頃は、人様には到底言えないような悪いことを散々やっていました」

直人さんは申し訳なさそうに話しはじめた。


その日も不良仲間たちと遊び歩いて、帰宅したのは深夜だった。

両親は諦めているのか、もはや叱られることもなくなった。家での会話もない。

四畳半の自室に入ると電気を消して布団に入った――が、違和感ですぐに目を開けた。

天井いっぱいに巨大な顔が張り付いて、こちらを見下ろしている。暗がりの中、その顔はまるでブラックライトのように光って見えた。

（誰だ？）

よく見ると、亡くなった曾祖母だ。怒りの表情で真上から睨みつけている。驚きのあまり躰を動かすことができない。

曾祖母の頭のまわりには、丸いブツブツがいくつもある。例えて言うなら螺髪《らほっ》だ。

そのひとつひとつに、顔が入っている。

全く知らない大勢の目が直人さんを睨んでいた。

「それ以来、悪いことは一切やめました」

「いったいどんな悪いことをしていたんですか」

私の問いには答えず、直人さんは苦笑いした。

## 七十五　突風

夫と妻、小学生の長女と長男は、一緒に炬燵《こたつ》を囲んで食事をしていた。

正面のテレビでは、こどもたちが好きなアニメが放映されている。

他愛もない話をしていると、背後から生温かい突風が左肩をかすめて、テレビが「ばちん」と音を立てて消えた。家族全員が顔を見合わせる。

夫は妻に「今の感じた？」と訊いてみた。すると妻は「今の見た？」と言う。

「見たって、なにが？」

「パパの後ろから、いきなりタバコの煙みたいな塊が飛んできて、耳元をかすめてテレビの中に突っ込んでいったよ」

夫はなぜか妻にスマホを持っていた方がいいかもと伝えた。その直後、着信が入った。

妻の祖父が亡くなったとの報せだった。

# 七十六　母

実家へ寄った帰り道のこと。

真理子さんが車を運転中にルームミラーを見ると、後部座席に母親が座っていた。

「あら？　お母さん、来たんだ。家まで乗っていく？」

ミラー越しに母は微笑む。

自宅マンションに到着し、靴を脱いで部屋に入ると、母は玄関に立ったまま上がろうとしない。

「お母さん、上がりなよ」

手招きすると首を横にふり「ここから先は行けないの」と言う。

「なんで？」

家の中に孫がいることが理由らしい。

「そっか。じゃ、気をつけて帰ってね」

うん、と答えて母は帰った。

翌日も母は一緒に車に乗ってマンションへやってきた。家には誰もいなかったので

「今日は入って」と言っても「上がることはできない」と頑《かたく》なに首をふる。

しびれを切らした真理子さんは、母の両手をとって「いいから入って」と中に招き入れた。

「ダメなんだけどなあ」と困り顔で母は椅子に腰を下ろした。

真理子さんはクローゼットから喪服を引っ張り出し、着てみせた。

「私、太っちゃって、お母さんのお葬式に着る喪服が入らないんだよ」

数日前に亡くなった母は、喪服のスカートのチャックが締まらない真理子さんの姿を見てクスクスと笑った。真理子さんも泣き笑いをした。

やがてチャイムが鳴り、こどもたちが帰って来ると、母親の姿は消えていた。

## 七十七　ステージ

昭和時代、高度経済成長期の日本の世相を反映する名曲を大ヒットさせた演歌歌手がいた。デビュー曲のレコードの売上は三十万枚。彼は一躍スターとなり、シングル曲も多数発売された。昭和生まれの人間であれば誰もが知っているだろう。

実の娘さんはハリウッドでも活躍している現役の女優なので名前は伏せ、イニシャルでIさんとしておく。

この話はIさんの甥っ子である昭明さんから伺った。

二〇〇七年、Iさんは東京の病院に入院していた。食道癌の治療のためだった。

当時、十歳だった昭明さんも、東北の実家から何度か見舞いへ行ったそうだ。

その日、昭明さんは自宅で両親と三人、川の字になって眠っていた。

雪の降る寒い日で、頭まですっぽりと布団を被っていると「ズダン」と大きな音がして家族は揃って目を覚ました。

「なんだ？　泥棒？」

家中をまわって音の出どころを探すと、仏間横の通路の天井板が床に落ちている。古い家ではあるが、天井板が落下したことなどこれまで一度もなかった。

父が脚立を持ってきて中を覗いてみたが、虫や動物はいない。腐っている所もなかった。腑に落ちぬまま、その日は板を戻して眠ることにした。

翌朝、Iさんが亡くなったという一報があった。天井板が落ちた同時刻、親戚の家々でガラスが割れたり、物が落ちたり、大きな音で、みな目が覚めたのだという。

Iさんは、最期に盛大な演出をして、人生というステージに幕を下ろした。

職

# 出るぞ

空港でカーゴハンドリング（貨物取扱業務）をしている男性の話です。
あるとき、関東の空港に移動になってオフィスに挨拶にいくと、
上司から唐突に、
「君、霊感あるでしょ。ここの空港、出るぞ。このオフィスにもいるからな」
そう言われたんです。え？　と思って見渡すと、
確かに、冷蔵庫の前に躰の透けた中年の男性が立っている。
上司は笑いながら
「今はいいんだ。動くときが気持ち悪いんだよ」と言って出ていった。
数日後、オフィスの扉を開けると、
冷蔵庫前のその男の躰が、にゅうっと伸びていく。
そのうちに天井のあたりまでいくと、扉の外に躰の一部が出て、
地面についていた足が「ばちん」とまるでゴムが伸縮するように出ていったんです。
その後もこの空港では、いろいろなことがあったそうなので、
またの機会にお話ししたいと思います――

## 七十八　デリバリー

この話はフード・デリバリー・サービスの配達員をしている男性から聞いた。

彼が契約している会社では、すべてスマホアプリで決済するシステムとなっている。リクエストが入ると飲食店まで商品を受け取りに行き、指定された注文者へ届けるというのが一連の流れだ。彼は東京都内の道はバイクで走りつくしている。

間もなく日をまたごうとしていたある深夜、注文が入った。

配達先を確認すると永田町だ。永田町は高層ビルが並び、皇居や国会議事堂がある街である。配達指定場所は、参議院寮と書かれていた。

インタビューの途中ではあったが、念のため「参議院宿舎とは違いますか」と訊いてみたが、違うとのことだ。

料理店で商品を受け取り、リュックに詰めると指定された場所に向かう。

皇居手前の内堀通を通り、坂を左に下った先に新しいオフィスビルがある。ビルとビルとの間の坂を上ると、細い道がある。その突き当たりに古い白い五階建ての建物があった。そこが指定場所の参議院寮らしい。

アプリをチェックすると、客からの注意事項が表示されていた。

「正面玄関の鍵が開いていたらそのまま中に入ってエレベーターで三階まで上がってきてください」

建物の古さに驚いた。エントランスも相当だ。玄関は開いていた。

(議員さんの寮なのに、警備員もいないのか)

どうやら靴を脱いで上がるようだ。電気は点いておらず、真っ暗だ。

スマホで足元を照らしながら廊下を進んでいくと、エレベーターがあった。「開」のボタンを押すと、扉はガタガタと音を立てて開いた。錆びているのではないかと思うほどだ。中に入って行き先の三階と「閉」のボタンを押した。

ところが扉は途中まで動くのみで閉まらない。

三階のボタンは点灯しているのだが、どんなに押しても閉まらないので、一度下りてみた。するとすんなりと閉まった。

(壊れてんのかな)

もう一度乗ってボタンを押すと、やはり閉まらなかった。料理が冷めてしまうし、これ以上客を待たせるわけにもいかない。一度電話をしよう。

扉がゆっくりと閉まりかけた。

そのとき何気なく見上げると、扉の縁の一番高い位置に手が見えた。それは外側から扉を掴むように押さえている。

驚いた配達員は絶叫し、エレベーター内で尻餅をついた。手はほんの一瞬目を逸らすと、消えた。廊下に這い出ると、扉は閉まっていく。

暗い廊下を夢中で走り、寮の表に飛び出すと客に電話をかけ、エレベーターが動かないと伝えた。すると客は、

「なにか、見ました?」と言う。

配達員は今しがた遭ったことを説明すると「またですか。お兄さんが三人目です。この寮、あるんですよ、いろいろと。今から行きますね」

そう言って、三階から中年の男性ふたりと女性がひとり降りてきた。

客は、

「あれ、気持ち悪いですよね。ごめんなさいね、厭な思いをさせてしまって」

と頭を下げた。

配達員は、商品を渡すと、まだ売り上げの目標額には達していなかったが、この日の仕事はやめて自宅に帰ることにした。

しかし、どうも気になって仕方がない。もう一度、先ほどの配達先に取って返した。

しかし、なぜか建物自体がなかった。つい先ほどまでいた場所なのに。

アプリの注文履歴を確認すると、データ自体が消えている。

通話の発信履歴さえも消えていた。

では、あの降りてきた三人はいったい誰だったのだろう。

エレベーターを押さえる手は、上に行かせないようにむしろ助けてくれたのではないかと、今となっては感じているそうだ。

## 七十九　火傷

ずいぶん前の話にはなるが、広子さんが店長をしていたそのたこ焼き店では、窓越しでの実演販売を行っていた。

甘辛いソースの香りが客の食欲をそそる。学校帰りの学生たちにも人気があるので、夕方はいつも混み合っていた。

ところが、あるときその大きく開いた窓が原因で、広子さんは大怪我を負うことになってしまった。突風が吹いて鉄板の火が消えたのだ。慌ててプロパンガスの元栓を閉めて換気する。もちろん販売は不可能なので何人か客を帰した。

その後、十五分近く換気をしたので、そろそろ大丈夫だろうと火を入れたところ、鉄板から天井まで火柱が上がった。

広子さんは炎をもろに浴びて、右肘から手の先、顔全体といった広範囲に大火傷を負った。医者からは全治三か月で痕も残るだろうと告げられた。

それから数日間、高熱と火傷の痛みにうなされていた。

ある朝、そんな広子さんに、母親が不思議なものを見たと伝えてきた。

「夜、あんたの様子を見に部屋の戸を開けたら、布団の脇に女のひとが座っててね。十二単《ひとえ》姿のきれいなお姫さんで、一生懸命あんたの火傷した顔やら躰に息を吹きかけていたわ。あれ、きっと守護霊さんやわ。あんたきっと怪我、治るわ」

全治三か月と言われていた広子さんの火傷は、ひと月で治り、ケロイドも火傷の痕も一切残らなかった。

# 八十　でしょうね

ファミレスのバイトの初日。その従業員は開店準備をしていた。

各テーブルに椅子をあげて、中腰の姿勢で掃除機をかけていると、誰かと目が合ったような気がした。

二十番テーブルに、おじいさんが座っている。椅子があがっているせいか、そのおじいさんの躰は透けた状態で逆さまになっている。

ギョッとして目を逸らすと、表通りを救急車がサイレンを鳴らして通過していった。

ホールに出てきた社員が言う。

「うちの店でも前に救急車騒動があってね、大変だったのよ」

客がテーブルに突っ伏したまま呼び掛けても返答がなかったので、一一九番通報したのだという。

後日、家族が菓子折りを持って挨拶にきたのだが、残念ながら助からなかったらしい。

「どんな方だったんですか?」

「常連のおじいちゃん。そこの二十番テーブルによく座っていたの」

でしょうね。今もいるもん——とは言えなかった。

# 八十一　音楽スタジオ

先日、怪談イベントの打ち合わせで都内の音楽スタジオへ行ったときに、担当スタッフの亮さんから「実はここで僕が体験した話なんですけど、聞きます？」と言われ、私は「もちろんです」と答えた。

このスタジオはテレビ局が母体となっていて、主にプロのミュージシャンが番組出演前にリハーサルを行っている。

ワンフロアにAスタジオ、Bスタジオの二部屋があり、リハーサルのほかレコーディングも可能だ。オープンして今年でちょうど十年になる。

音楽好きだった亮さんは、テレビ局に社員として入社したのだが、今度新たに音楽スタジオを立ち上げるという話を聞いて、すぐに手を上げた。

オープンまでの間、亮さんは大型器材の設置は業者に任せたが、それ以外はひとりで作業を黙々と行っていた。ひと通り準備が整うと、スタジオは未完成のままオープン日を迎えた。営業中も細部の工事を行いながら完成を目指す。

ある夜、営業時間を終えて締めの作業に入った。

Aスタジオの電気を消し廊下に出ると、ヘルメットを被った作業着姿の男性とすれ違った。

「お疲れ様です!」

設備スタッフだろうと思って声をかけたのだが、完全に無視をされてしまった。

(感じ悪っ)

男性はそのままAスタジオへ入っていく。

亮さんはBスタジオに入ったところでふと足を止めた。こんな時間に業者がいるのは珍しい。しかも真っ暗なAスタジオになぜ入っていったのだろう。すぐに見に行くと、やはり真っ暗なままだ。電気を点けて見回ってみたが、誰もいなかった。

腑に落ちぬままスタジオを出て、別館の警備員に電気施錠を依頼すると、

「もうひとり、残ってますよ」

そう言われてギョッとした。何度も確認したが、誰もいないと伝えると、入った記録も残っていると言う。亮さんは警備員ともう一度スタジオへ戻って見回ったが、やはり誰の姿もなかった。

後日、テレビ局の会議中に上司が言った言葉に耳を疑った。

「作業中にひとり亡くなって、あんなことになったけど、スタジオもなんとか軌道に乗り始めたな」

初耳だったのだが、工事中に発作を起こして亡くなった作業員がいたらしい。

数日後、事務所で閉館作業をしていたときのこと。ふと監視モニターを見ると、画面の中でなにかが動いている。

画面はAスタジオ、Bスタジオ、廊下と事務室が映るように、四分割されているのだが、そのすべてに、あの夜見た男性が、同じ歩幅で画面左から右方向へ横切ると、消えた。

カメラの角度的にも四画面同時に映ることは不可能だ。

モニターの電源を切ってすぐさまスタジオを出た。


「そんなことがあったんですか」

「いや、参りましたよ」

「今、私たちがいるBスタジオにもいたということですよね」

私が聞くと亮さんは頷いて事務所に案内してくれた。

「これが、モニターです」

四分割された画面は、どう考えてもすべてに同時刻、同じ人物が映ることは不可能であることがわかった。

男性は、今もときどき現れるという。

# 八十二　牽引

家族で中古車販売店を経営している岡田さんから聞いた話だ。

ある日、知人から車を買い取ってほしいとの依頼が入った。その知人も第三者から頼まれたらしいので、持ち主については一切知らなかった。

引き取りの時間は、家人が留守中の夜に指定されていた。鍵は預かっているので、岡田さんは家族三人で指定された住所へ向かう。

民家の少ない山の奥で、用水路に小さな橋が架けてある。そこを渡った先に築五十年ほどの平屋建ての一軒家が建っていた。

敷地内に入ると、ヘッドライトが広い庭を照らす。

その一角に、墓石が浮かび上がったので、岡田さんたちは一瞬驚いた。その墓の隣の納屋に、今回引き取る軽自動車が停まっていた。

すぐに作業に取り掛かる。エンジンをかけ、バックギアに入れアクセルをふかしてみた。ところがなぜか車は動かない。固着しているのだろうか。

岡田さんたちはデリカの四駆で来ていたので、力もあるから軽自動車を引っ張ろうと牽引《けんいん》ロープをそれぞれの車に結び付けた。ところがやはり軽自動車は動かない。四駆でエンジンをふかしても何をしても一ミリも動かなかった。こんなことはありえないことだ。

どうしようかと話していると、軽自動車に誰かが乗っている気配がする。岡田さん一家は作業を中断し、鍵は返却することにした。

後で知ったことだが、軽自動車の持ち主だった四十代の女性が、納屋の脇で草刈り鎌で首を切って自殺したとのことだった。墓は女性が亡くなっていた場所に親族が建てたのだという。

あのとき、勝手に持っていくなという無言の圧力のようなものを感じたと岡田さんはその日のことを青ざめた表情で語った。

車は女性の親族がエンジンをかけたところ、すんなりと動いたそうだが、引き取りは丁重にお断りしたそうだ。

# 八十三　押し入れ

岡山県と大阪府に、インクリボンを製造する工場があった。タイプライターやファクシミリ等の印字に使用するインクが塗布された長いフィルムで、その当時は常に追加生産に追われるほど需要があった。

広樹さんは大阪工場に勤務していたのだが、繁忙期を迎え人員不足となっていた岡山工場から応援要請が入った。そこで、広樹さんをはじめとする大阪工場の従業員十名が泊まり込みでしばらくの間、勤務することになった。

宿泊場所は会社が借りた山奥にある民宿だった。工場から歩いて行ける距離にある。先に現地入りしていた後輩が部屋を案内してくれた。襖で仕切られた八畳の部屋で五人ずつ布団を敷いて雑魚寝するらしい。

後輩は部屋を出て行く際、思い出したようにふり返ると、布団の入っている押し入れを指さして、

「寝るとき、ここの押し入れは絶対に開けないでくださいね」

俺は隣の部屋なんで失礼しますと言った。

神経質な奴だなと思ったが、言われた通り、布団を敷いた後、就寝前には閉めて寝た。

初めての休日を迎える前の晩。仲間たちと部屋で酒を飲んだ。疲れもあったせいで、みないつの間にか布団も敷かずに畳の上に転がって眠っていた。

広樹さんは呻き声で目が覚めた。

顔を横に向けると、見知らぬ大柄な男が、同僚に馬乗りになって首を絞めている。同僚は苦しそうに足をバタバタさせながら抵抗している。

強盗かと跳ね起きると、視線の先の押し入れが、三十センチほど開いているのが見えた。誰かが寒くて毛布を出したのだろう。

広樹さんは隣室にいる後輩の言葉を思い出した。

「寝るとき、ここの押し入れは絶対に開けないでくださいね」

男の顔には靄のようなものがかかっていて、生きている人間ではないなと感じた。

慌てて襖に手を伸ばす。すると、中からぬっと足が出てきて広樹さんは仰け反った。

それに続いて、男達がぞろぞろと出てきて部屋の中を歩きだした。そいつらは、眠っている同僚たちの間を縫うように器用にくるくると回りながら歩く。

（あいつ、わかっていて向こうの部屋を選んだのか）

隣室と仕切られている襖を見ると、わずかに開いた隙間から後輩がこちらを覗いていた。押し入れの中からは、まだ出てくる。

ぞろぞろ……ぞろぞろ……

## 八十四　リサイクルショップ——迷惑

主に近畿地方で展開している大型リサイクルショップがある。

衣類やカバン、小物類、電化製品やビデオ、本、アダルトグッズ等、幅広い商品を取扱っている。客が持ち込んだ商品を買い取り検品し、値段をつけてから店頭に陳列して売るという流れだ。

大学生の頃、実家暮らしだった優太さんは、このリサイクルショップでアルバイトをはじめた。卒業してそのまま就職し、数年後には店長になり、新店舗であるH店を任されることになった。

H店は山を背にした大きな物件で、コンクリートの床にトタン屋根といった殺風景な空間だった。なにかの倉庫だったらしい。

次々に棚や商品が運び込まれ、店はオープンした。

客入りもまずまずで、半年が経つ頃には開店待ちをするひとも出始めた。

しかし、困ったこともあった。開店前の掃除の換気で扉を開けていると、フライングで入ってくる客もいるのだ。そうした場合には「時間までお待ちください」とひと声かけることが通例となっていた。

ある朝、優太さんが開店前に店内の巡回をしていると、すでにアダルトコーナーに入っている客を見つけた。入り口にカーテンがかかっているのだが、グレーのスーツ姿の足が見える。ところが声をかけようと中へ入ると誰もいなかった。

その日を境に、本棚の間を横切る足や胴体、手元等、ほかの従業員たちも頻繁にグレーのスーツ姿の男を目撃するようになる。

みな口を揃えて「顔は見たことがない」と言う。それは必ず朝の掃除の時間帯で、夜に現れることはなかった——はずだった。

ある夜、倉庫で検品作業をしていた学生が、血相を変えて事務所に飛び込んできた。

彼の話によれば、入り口に背を向けて検品作業をしていると、背後でバスケットボールをつくような音が聞こえた。同じ学生アルバイトがふざけているのだろう。無視していると音は近づいてくる。

「まじめに仕事しろよ」

背を向けながら言うと、ボールが真横の壁に当たって飛んできた。

「危なっ」と、思わず顔を上げる。

ボールではなく、人間の頭がバウンドして学生の足もとにコロコロと転がってきた。

悲鳴をあげて出口に向かって走ると、首のないグレーのスーツ姿の男が立っていた。

だから裏口から出てここまで逃げてきたのだという。

## 八十五　リサイクルショップ――音

H店で数年間店長として勤務した後、優太さんはS店に移動になった。こちらは、前はホームセンターだったらしい。

二階建てになっており、一階が店舗、二階は倉庫と事務所兼従業員の休憩所として使用されている。

勤務初日に気になることがあった。二階の事務所の扉を開けると、左手にトイレがあるのだが、男子トイレにも女子トイレにも「故障中。使用禁止」の紙が貼り付けてある。

どちらも中から施錠されており、外からは開けられない。

当時の店長に理由を聞くと、言葉を濁された。

ひと月ほど経ったある晩、一階の店舗で作業をしていると、内線が鳴った。女性従業員が「急いで来てください」と慌てた様子で言う。

二階の事務所の扉を開けると、従業員は「ちょっと聞いてください」とトイレの方を指さす。

扉を開けると、故障中の紙の貼られた閉まった男子トイレの個室の内側から「ドン、ドン」と叩く音がする。

「これ、誰か入ってんの?」

「入ってないんです」

入り口の扉に振動するほど、大きな音が響き渡る。

「誰かいますか」

優太さんが声をかけると、音はぴたりとやんだ。ふたりは顔を見合わせると脚立を持ってきて、上から覗いてみた。中には誰もいなかった。何年も使用されていないせいか便器は黒ずみ、あちこち埃を被っていた。

優太さんは思わず「あっ」と声をあげた。

内側から鍵のかかっているその男子トイレの個室の床に、いくつもの盛り塩の皿が置かれていた。

翌日から、扉の前にも毎日、塩を置くようにしている。

## 八十六　リサイクルショップ——人形

二階男子トイレの前に毎日盛り塩がされる中、一階の店舗ではこんなことがあった。

優太さんが出勤すると、誰が客から買い取ったのか、大き目の二体のフランス人形がバックヤードに置かれていた。その日は遅番で、営業後に締めの作業を終えると、バックヤードにあった人形が、店の出口扉の前に二体揃って並べられている。誰かのいたずらだと思い、元の場所に戻すと警備をかけて、帰宅しようと店を出た。

近くのコンビニで弁当を購入し、店の裏口の前を通ると、警備会社の車が停まっている。ちょうど警備員ふたりが店の中へ入るところだった。優太さんは慌てて駆け寄ると、名刺を渡して何があったか訊ねた。店を出てわずか十分程度の間だったが、侵入警報が鳴っているのだという。優太さんは盾を構える警備員の後ろについて店内へ入った。

扉を開けた横の壁に、警備会社のコントロールパネルが設置されている。パネルを操作し、どこから発報があったのかを調べると、今まさに自分たちがいるこの場所、この空間に侵入された形跡があるという。

優太さんは警備員たちと一緒に店舗や事務所を改めて見回ったが、誰もいなかった。

結局、誤作動だろうということにはなったのだが、念のため防犯カメラを巻き戻して確認することにした。すると、先ほど退勤したところからカメラが止まっていて、何も記録されていない。早送りをすると、警備員と優太さんが入ってくるところから画面は戻った。

もう一度、二階の事務所から一階の店舗を見て回った。やがて、出入口へ戻ってきた優太さんは小さく悲鳴をあげた。帰り際にバックヤードに戻したはずのフランス人形が扉の前にいる。入るときには気づかなかった。

当然警備員には関係のないことなので「なにも異常はありません」と伝え、誤作動として処理してもらうことにしたのだが、店から出ようとすると……

「オマエラ、コロス」

耳元で女の声がはっきりと聞こえた。警備員にも聞こえていたらしく、苦笑いして言う。

「そういうこと……でよろしいですかね？」

人形は店頭に出さず、処分した。

# 八十七　毎年

某ホームセンターに、購入した木材をカットできる加工室がある。

その加工室の裏の階段では、毎年お盆の八月十二日から十五日あたりまで、閉店間もない時間になると、錫杖をつく音が聞こえる。上っては下り、下りては上る。

従業員のほとんどがその音を聞いている。

「お坊さん、来てるね」

特に誰も気にしない。

毎年、必ずその期間だけ、来る。

## 八十八　ロッカー

埼玉県のとあるキャバクラ店で、ボーイとして働き始めた青田さんという男性の体験談である。

そこは、席数も少ない小さな店舗で、更衣室はキャストと共有になっており、男性従業員は彼女たちが出勤する前に着替えを済ませる。

ある日、青田さんがロッカーを開けると、血のような臭いが鼻をついた。ワイシャツ一枚とベストがかけてあるばかりで、ほかにはなにもない。

今日、誰かが大量に血を流すのではないかと直感した。

入店したばかりではあったが、従業員やキャストたちに「今日一日気をつけるように」としつこく言ってまわった。誰もが鼻で笑って聞く耳を持たなかった。

青田さんの予感は外れ、結局なにごともなく、深夜一時に営業を終えた。思い違いでよかったと胸を撫でおろすと、翌日、出勤前にあるキャストから電話が入った。

営業後、彼女の友人が交通事故で死亡したのだという。

亡くなった友人は、かつてこの店で働いていたキャストで、ロッカーは、現在青田さんが使用している場所だったそうだ。

その後、出勤して扉を開けると、血の臭いは消えていた。

# 八十九　リクエスト

定年退職後、警備員として働きはじめた中田さんは、浜松町のとあるテナントビルに配属された。警備員たちは建物の地下にある狭い部屋で休憩をとることになっている。

その頃、読書にも飽きていた中田さんは、退屈しのぎに般若心経を覚えることにはまっていた。夜勤に入ったある日の休憩時間、食事を摂った後で自宅からプリントアウトして持ってきた般若心経の書かれた紙をポケットから取り出すと、声にして読みはじめた。ほかには誰もいないことを確認しているので、気兼ねなく読める。

ひと通り読み終えたときだった。耳元で、

「もう一回」

低い男性の声でリクエストされた。

中田さんは紙を丸めて休憩室を出ると、同僚の元へ走って行った。

「あの休憩室って前になにかあったんですか？」

うちの休憩室じゃなくて、すぐ隣の部屋でタクシー会社の運転手が排ガス自殺をしたんだよと聞かされた。

# 九十　くり返し

愛知県名古屋市にある某総合病院に勤務する看護師は、夜勤中に必ず同じ場所でパタパタとスリッパの音を聞く。

その音のする方向を見ると、現在では見なくなったナースキャップを被ったスカート姿の看護師が勢いよく廊下を走ってくる。

その看護師は忙しそうに目の前を通過すると、突き当たりにある窓を目掛けて大ジャンプをして消える。これが、夜勤に入ると毎回くり返される。

同僚と、

「走り幅跳びみたいだよね」

そう言って勤務に戻る。

これも毎度のくり返し。

## 九十一　見守り

長年看護師をしている絵美さんが、夜勤に入ったときのことを聞かせてくれた。

真夜中、二階の病棟を見回っていると、大部屋の中に人影を見た。高齢の入院患者のベッド脇に、長袖のワンピースを着た女性が立っている。面会の時間はとうに過ぎていた。その女性は背中を丸めて眠っている患者を上から覗き込んでいて、瞬時に生きているひとではないと感じた。絵美さんは見なかったことにして、ほかの病室を回った。

一周して戻ってくると女性はまだそこにいた。

その大部屋で痰を吸引する必要のある患者もいたので、恐る恐る中へ入ったのだが、女性はそのままだ。チラチラと目線を送ってみたのだが、こちらを見ることはないので顔はわからない。

女性は同じ姿勢を保ったまま、結局朝の六時まで居続けた。なぜか、怖いという感情は薄れていた。

それから夜勤に入ると、必ずその高齢患者のベッド脇に立つ女性を見るようになった。

絵美さんはもう慣れていた。隣のベッドの患者の痰の吸引をしながら、

「あのひと、誰なんだろうね。娘さんかねえ。いいなあ、見守られていて」

ひとり言のようにつぶやく余裕さえあった。

あまりにもその姿が健気で、一度、丸椅子を「どうぞ」と差し出したこともあったのだが、やはり顔を上げることはなかった。

女性は、絵美さんが夜勤に入ると必ず病室にいる。夜九時から朝の六時まで、看護師の勤務時間と同じ時間帯に現れる。最早一緒に夜勤をしているような感覚になり、患者になにかあった場合にはきっと何かしらのメッセージを伝えてくれるのではないかという安心感も芽生えていた。

その患者が亡くなるその日まで、見守りを続けていたという。

## 九十二　急患

ある看護師が体験した話だ。

看護学校を卒業した後、大阪府内の、とある総合病院へ就職が決まった。

その病院で働きはじめてまだ日の浅いある夕方のこと。

ナースステーションで業務をこなしていると、「すみません」と声をかけられた。

顔をあげると、若い男性がいて、

「すみません。ぼく、助かりますか？」

と訊ねてきた。

見たことのない男性で、入院患者ではなさそうだ。

「どうかされましたか？」

そう言うと、男性はなにも答えずにその場を離れていく。その後ろ姿を見ていると、
廊下の中央にある柱の中にすっと消えた。呆然としていると、背後から肩を叩かれた。

「忙しくなるわよ」

看護師長が、柱を見て言う。

「どういうことですか？」

そう訊ねると、看護師長は「今にわかるから」とだけ言って、慌ただしく内線をかけはじめた。その直後、救急患者が入るとの放送が入った。

ストレッチャーで運び込まれたのは心肺停止の若い男性だった。

すぐに処置室へ向かい、その場にいた全員が蘇生に手を尽くしたが、患者は一度も反応することなく亡くなった。

その患者が、さきほどナースステーションで話しかけてきた男性だということに気がついたのは、すべての処置を終えたときだった。

## 九十三　プロレスリング

名古屋を中心に活動しているプロレスラーがまだ若手だった頃、リング上でこんなことがあったという。

試合中に相手選手に技をかけられたとたん、天井から負ける自分を見下ろしていた。リング上の自分は場外に降ろされ、担架に乗せられると控室に運ばれていく。慌ててそれを追っていった。

ぐったりと横になっている自分を部屋の隅で見ていると、耳元で「早く戻れ!」と誰かの怒鳴り声が聞こえた。それと同時にリングの上で蘇生した。

ああ、良かったと思ったのも束の間。またリングの上から見下ろしていた。

「早く戻れ!」と声が聞こえてたと同時に、担架で運ばれていた。

## 九十四　一一〇番

今春、定年退職された京都府警の鑑識官の方から聞いた話だ。

名前をAさんとし、詳細を少し変更して記す。

十年ほど前、Aさんは警察本部の機動鑑識隊にいた。犯罪の現場へ行くことがほとんどだったが、その中でどうしても忘れられない事件があるのだという。

泊まり勤務だったその日の真夜中頃、一一〇番通報の指令が館内に響き渡った。

聞き耳を立てて無線を聞いていると、幼いこどもの声で「助けて」と叫んでいる。誰かに追われているようで、バタバタと音もする。

電話の発信場所の特定を急いでいると、みな顔を見合わせた。そこは現在、空きテナントになっているのだ。

管轄の警察官がすぐに現場へ直行したが、夜中の空きテナントビルに誰かがいたという事実は確認できず、近隣住民に聞き込みをしても叫び声を聞いたひとはなかった。

数年前、そのビルの一室で、幼いこどもが殺害される事件が発生した。Aさんもその現場へ行っている。

当時のことを声を詰まらせながら「親御さんにお返しするのが忍びなかった」とAさんはくり返した。

発信元の番号は、以前こどもが殺害された一室で使用されていた固定電話だった。当然現在は使われていないものだ。

「まだ助けを求めているんだろうと思うとね……」

結局、誰が一一〇番をかけてきたのかは不明のままだ。

## 九十五　検証写真

Aさんはこれまで、現場で何万カットもの証拠写真を撮ってきたのだが、同僚から「ちょっと見てほしい」と一枚の写真を見せられて驚いたことがある。

それは、山の中での首吊り自殺の検証写真だった。

何枚か同じ角度で写したものがあったのだが、その中の一枚が、おかしいのだと同僚は言う。

遺体から少し離れた位置から、それをボーッと眺めている人物が写っている。それが、首を吊っている本人だったのだ。

ときどき、このような写真が撮れることがあるのだが、証拠としては役に立つことはないので基本的にはみな無関心なのだという。

首吊り写真に関しては、撮影者が体調を崩したため、神社でお焚き上げをした。

# 九十六　一二八番

先日、元刑務官の男性と話す機会があった。

刑務官は刑務所、少年刑務所、拘置所等に勤務し、主に収容者の生活指導や社会復帰のために必要な作業指導を行う。

彼が初めて勤務についたのは関東の某刑務所だった。二十四時間体制で、夜勤の場合、受刑者が不正行為や自殺をしていないか等を確認しながら巡回する。常時六百名ほどが収監されており、単独室と共同室、すべての部屋を三周することになっていた。


働き始めて半年ほど経ったある深夜のこと。

消灯時間を過ぎた施設内は、常夜灯だけがぼんやりと廊下を照らしていた。しばらく巡回していると、報知器が「カタン」と音を立てた。これは受刑者が何か用があった際に知らせるもので、部屋の中のボタンを押すと部屋番号の札が廊下側に倒れる仕組みになっている。札が下りたのは三〇三号室だった。

直ちに駆け付けると、受刑者の一二八番が正座して「眠れないので睡眠薬を願います」と訴えてきた。

受刑者の中には薬物中毒や精神疾患を抱えた者もいるため、睡眠薬は希望があれば渡すことは可能だった。しかし、時間的に医療部署の職員が不在で処方はできなかった。布団に横になるよう指導すると、一二八番は素直に横になった。

刑務官は上司にその旨を報告し、三十分間の休憩に入った。

二周目の巡回に入ると、また同じ部屋の札が落ちた。どうしても眠れないから薬が欲しいのだと一二八番は言う。刑務官は職員用のＰＨＳで本部の上司に掛け合い、当直勤務の医務員に許可をもらい、薬を飲ませることにした。

受刑者は刑務官の目前で薬を飲む必要がある。舌の上に薬を載せ、水を飲んだ後で舌、舌裏、唇の裏といった口内を見てしっかりと飲んだことを確認した。一二八番は横になった。

本部に戻ると上司に呼び止められた。

「さっき薬をあげたの、何号室の奴だ？」

「三〇三号室の一二八番です」

「お前、報告する部屋、間違えてないか？　そこ、空き部屋だぞ」

「そんなはずは……」

と言いかけて、踵《きびす》を返し現場に戻って確認すると、間違いない。報告した三〇三号室で一二八番は眠っている。すぐさまPHSで身柄が入っていると報告した。その後、先輩刑務官が来て「確かに入っているな」と確認。その日の勤務は終わった。

次の出勤日、施設で年配の上司に呼び止められた。

「この前の夜勤、三〇三号室の一二八番と接したのか」

なにかミスを犯してしまったのかと身構えていると、上司は自身が過去に経験したという話をはじめた。

ある深夜、三〇三号室の報知器が鳴った。

当時そこは共同部屋で、六人の受刑者が入っていた。

見に行くと受刑者たちが騒いでいる。事情を聞くと「トイレで自殺した奴がいる」という。中に入ると、確かに受刑者のひとりが首を吊って死んでいた。

ほかの受刑者たちに遺体を見せないよう下を向かせて正座させ、緊急ボタンを押そうとするが、そこには六人全員が座っている。

目をやると、忽然と消えていた。

「それが、十五年前に三〇三号室で自殺した一二八番なんだ。出るんだ、あの部屋。あいつが自殺した夏になると毎年必ず。たまたま、この前入っていたお前の先輩刑務官が知らなかっただけで、みんな見てる。だから、次に話しかけられても無視しておけ」

あの晩、確かに薬を飲ませたはずだ。しかし、ポケットに殻が残っているばかりで、飲ませた薬自体は見つからなかったという。

## 九十七　おつとめ

高度経済成長を迎えた昭和四十年代のこと。

浩子さんの両親は共働きで家を空けることが多かった。それもあり、幼い頃から掃除や洗濯、料理といった家事全般はひと通りなんでもできるようにと躾けられていた。

高校二年の夏、菩提寺の住職から、夏休み期間中に手伝いにきてほしいとの電話があった。

奥様がふたり目の子どもを生んだところ産後のひだちが悪く、寝たきりになってしまっているのだという。手伝いを何人か頼んでも、どのひとも一日と立たずに辞めてしまって困っているということだった。住職には幼い頃からなにかとお世話になっていたので、二つ返事で引き受けることにした。

朝の掃除、檀家さんが来たときのおつとめのお茶出し、幼い長男のご飯、赤ちゃんのミルクを作ったりと、夕方までやることは山ほどあった。

ある日、床に臥せっている奥様におかゆを持っていくと、とうとつにこう言われた。

「ごめんね。私が動けないばっかりに面倒かけちゃって。ありがとう。でも、平気?」

「なにがですか？」

「お寺、怖くない？」

浩子さんは「いいえ」とお辞儀をした。そして、おぼんを台所に下げると、本堂の掃除に向かった。

障子を開けて中に入ると、正面に仏様が安置されている。つんと鼻を刺す線香の香りが漂うなか、手を合わせた。それからはたきで障子の埃を落とし、床を雑巾がけして隅々まで磨いていった。

仏様の横に扉がある。開けてみると、位牌が、ひな壇のよう陳列されていた。ざっと見て約二百柱。その数に圧倒されたが「ここもきれいにしよう」と、その位牌と棚とを順番に拭きはじめた。位牌は規則正しく並んでいるので、場所を間違えないように丁寧に戻していく。そのとき「カタン」と近くでなにかが落ちたような音がした。

位牌がひと柱、倒れている。すぐに起こして元の位置に戻す。ところがまた音がする。別の位牌が倒れる。すぐに起こす。カタンカタンと次々に落ちてくる。

中には明らかに真横に飛ぶものまであった。

そのうちに、雪崩のように、ざあっと落ちてきた。

浩子さんは本堂から飛び出ると、離れの住職の元に駆け付けた。

「なにか見たかい?」

「無縁さんのお位牌、なんだか変ですよ」

「元に戻しておくから今日はもういいよ。明日、掃除の前に声をかけたらどうだろう」

住職は穏やか微笑んでいる。

次の日も浩子さんは休まずに寺へ行き、掃除をはじめた。位牌はまた落ちてきた。

「順番がわからなくなって困ります。みなさん必ずきれいにしますから、静かにしてください」

しんと静まり返った。

浩子さんは夏休み期間中、毎日寺に通い、位牌の掃除も欠かさずに続けた。

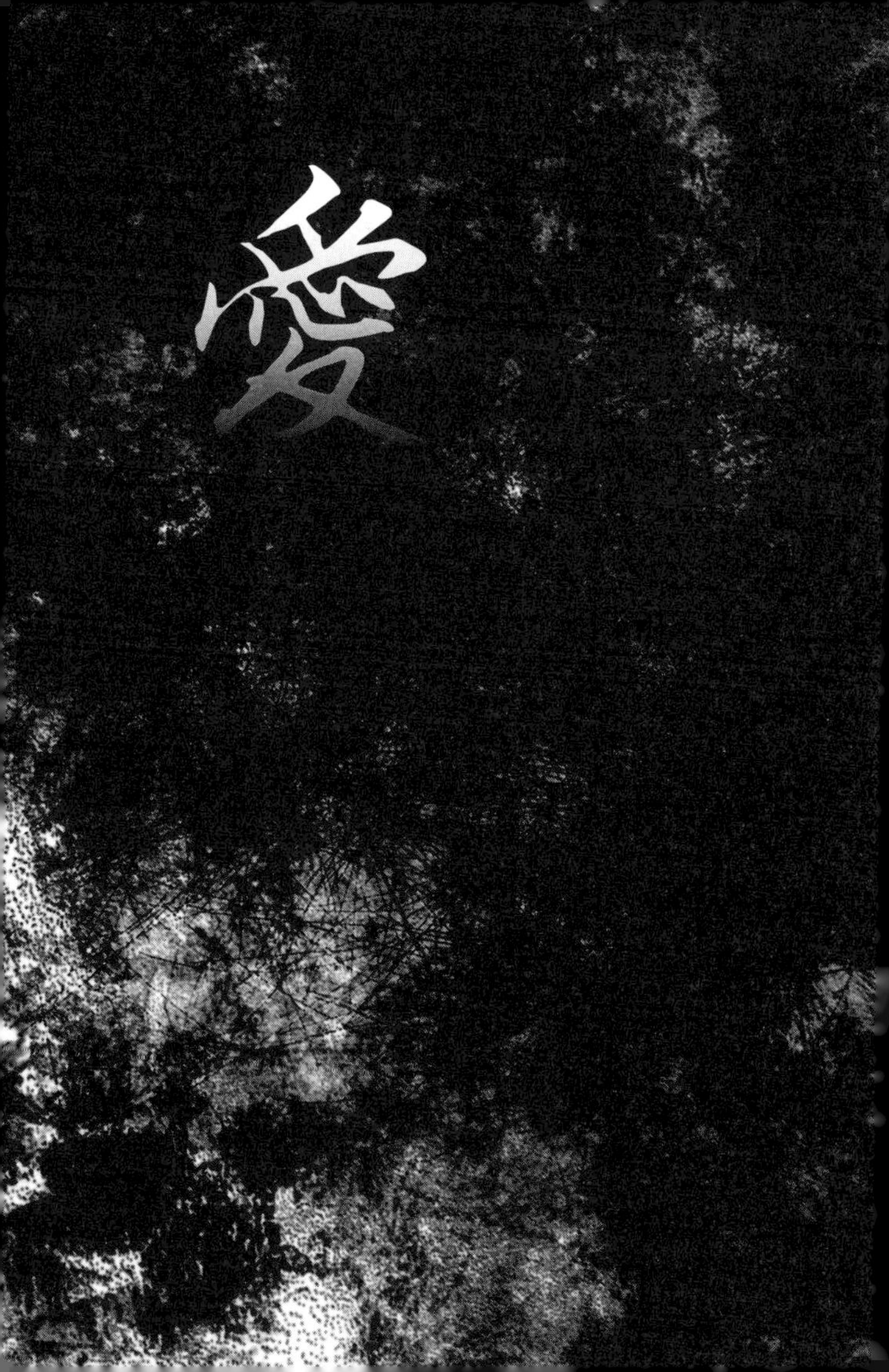
愛

# 登校拒否

その女性には小学一年生の娘さんがいます。

ところが困ったことに、内気でひとりで学校へ行けず、毎朝下駄箱前まで送り届ける生活が続いていたんです。

これから先、どうしようかと悩んでいたある朝。

玄関の扉を開けると、白い蝶が飛んできて娘さんのまわりをヒラヒラとまわりはじめた。

思わず「ちょうちょさんと学校へ行きなさい」と言うと、娘さんはその蝶と一緒に初めてひとりで歩きだしたんです。

女性はその蝶を見て、かつて自分も登校拒否児だったことを思い出した。

そのとき助けてくれたのが担任の先生でした。

胸騒ぎがして電話をかけたところ、数日前に先生が亡くなっていたことがわかったんです。

蝶は学校までついて行って娘さんが教室に入るのを見届けると窓から出ていったとか。

それから娘さんはひとりで学校へ通えるようになったそうです——

# 九十八　指切りげんまん

昨年の春、高校を卒業して新社会人になった女性がいる。

彼女は進学するより、一日も早く自分の力で生活がしたいと考えていた。

誰かの役に立ちたい。そう期待に胸を躍らせながら就職したのだが、程なくして彼女は体調を崩しはじめた。

職場には何の不満もない。ただ、厭な夢を毎晩のように見るようになったのだ。

その内容というのが、顔の見えない見知らぬ男に延々と付きまとわれ、逃げても追いかけられる。やがてその男に追いつかれ、何度も殴られる。というものだ。

その夢のせいで、心身共に疲弊していった。気づくとベランダから飛び降りようとしていたこともある。彼女は、見る影もなく痩せて会社を休むようになった。

それを心配した知人が、食事に誘ってくれたので夢の話をしてみると、

「彼氏とかいる？　うまくいってる？」

そう聞かれて、ある男性の存在を思い出した。

彼女には、高校時代に交際していた同級生の男子生徒がいた。お互いに初めての交際で、すぐに周りが見えなくなるほど夢中になった。登下校時はもちろんのこと、休み時間や休日も片時もそばを離れない。常に行動を共にしていた。

次第に思いが膨らんでいったふたりは、愛を形に残そうと、カッターで小指を切ると、コピー用紙に血で名前を書いた。そして赤く染まった小指を絡ませると、

「永遠に一緒にいられますように。指切りげんまん。嘘ついたら針千本飲ます。約束」と、まじないをかけた。

それからほどなくして彼の束縛が激しくなった。ほかの男子生徒や男性教師と会話をすると「色目を使った」などと、あらぬ疑いをかけられて殴られることも度々あった。このままエスカレートしたらいつか殺されるかもしれない。身の危険を感じて卒業と同時に一方的に連絡を絶った。

——あの紙を、彼が持っている。

そのことを思い出したのだ。

仕方なく久しぶりに連絡をして、あの紙をどうしたか、彼に訊いた。持っているよ、という楽し気な声に、処分してほしいと頼むと彼はこう言い放った。

「嫌だよ。これさえあれば、お前と永遠に一緒にいられるだろ。指切りしたじゃん」

彼女は現在も療養中だ。

指切りげんまん。発祥は吉原遊郭で、遊女が客に不変の愛を誓う証として、小指の第一関節を切断して渡したとされる。そして、ほかにもこんな一説もあるようだ。

「げんまん」は漢字で「拳万」と書く。

約束を破ったら一万回殴ってもいいよね。

九十九　口論

恋人との破局の原因は、人それぞれにあるだろう。

思いやりが足りなかったり、浮気や性格の不一致など、あげたらきりがない。

喧嘩をまったくしないという珍しいカップルもいるようだが、その逆の場合、ストレスのたまり具合は尋常ではない。


希美さんは、デートの度に彼氏との口論が絶えなかった。

きっかけは些細なことだ。後で考えると、どうでもいいような内容で、お互い我に返ると原因すら思い出せないこともしばしばあった。

交際がはじまって半年が経った頃、ドライブに出かけたふたりは、車内でまた喧嘩をくり広げていた。発端は何だったかわからない。益々ヒートアップしていき、我慢しかねた希美さんは、シートベルトを外して走行中の車から飛び降りようとした。

ところが、一瞬ルームミラーに目が向き、ぎょっとした。後部座席に誰かいる。若い女がふたり、並んで座っているのだ。俯いていて顔は見えない。

思い返してみると、このふたりは口論の度に現れる。なぜかそのことをいつも忘れていた。

希美さんはシートベルトを締め直すと、恋人に「ごめんね」と素直に謝って座り直した。

数日後の夜、変な夢を見た。

目の前に突然僧侶が現れて「あなたにはふたりの女性の霊が憑いています。祓ってあげましょう」と言って祓いの義をする。お礼を言ったところで目が覚めた。全身汗びっしょりだった。この前のドライブ中のことも思い出し、気分が悪くなった。

眠っていた彼を起こして夢のことを話すと、言いにくそうに、以前交際していた女性が、ふたり立て続けに亡くなった過去があると告白した。ひとりは病気で、もうひとりは事故だったらしい。

厭なことを聞いてしまった。車にいたの、絶対そのふたりじゃん。

責めるわけにもいかず、お祓いへいくように促したのだが、彼は頑なにそれを拒否した。希美さんはそれ以上なにも言えなくなった。それからも喧嘩は絶えなかった。

とある日も相変わらずの口論の後、ベッドで眠っていた希美さんは目が覚めた。

違和感がある。

横にいる彼はこちらに背を向けているのだが、マニキュアの塗られた爪が左右から四本ずつ肩のあたりに食い込んでいる。

「きゃっ」

希美さんはすぐに服を着ると「もう耐えられない」と別れを告げた。彼はだるそうに躰を起こし「わかった」とあっさりと受け入れた。

玄関を出るときにふり向くと、布団の上に力なく座る彼。そしてその後ろから四本の腕が伸びて、彼の裸の上半身に、メキメキとめり込んでいった。

百

# 冥途の花嫁

春子さんには仲の良い姉がいる。

その姉は結婚を機に実家を出ると、義兄の両親と同居をはじめた。

やがてこどもが生まれて二年が経った頃「夜泣きが酷くて辛い。泊まりに来てほしい」と電話がかかってきた。義兄の家に泊まることは気が引けたが、困っている姉のためならばと早速支度をして出かけることにした。

その家は古い日本家屋で、近所には民家がほとんどない。庭も広いので、夜になると静寂に包まれる。春子さんは二階の空き部屋を借りることにした。

日中、甥っ子と遊び疲れたせいか、布団に入るとすぐに眠りについた。

どのくらい経ったか。隣室で眠っていた甥っ子の泣き声で目が覚めた。

窓から月明りが差し込んでいる。壁掛けの時計を見ると深夜一時を過ぎていた。

ふいに泣き声が止まった。同時に庭先で、ザッ、ザッ、ザッと砂利を踏む音が聞こえてくる。起き上がってカーテンを開けて見下ろすと、庭に敷き詰められた砂利の上を見知らぬ女がぐるぐると回っている。しかもその躰は全身びしょ濡れである。深夜の侵入者に驚き、カーテンを掴んだまま動けずにいると、女はおもむろに顔をあげた。

（しまった。気づかれた）

春子さんは窓辺から離れると布団にもぐりこんだ。その直後である。

「見た？」

耳元で女のささやき声がした。

隣室では「こわい、こわい」と甥っ子が叫びだした。

翌朝、姉に夜中のできごとを話すと、申し訳なさそうに頷いた。

「だからあんたのことを呼んだの。あんたなら霊感があるからわかると思って。あの子、夜中になると毎晩庭を指さして泣くのよ」

最近では日中も部屋の壁や風呂場を見て怯えた表情を見せることもあるという。

姉は夫や両親に庭に立つ女のことを訴えたのだが「知らない」の一点張りでその都度嘘つき呼ばわりされた。

結局家を追い出され離縁。こどもを連れて実家へ戻ってきた。

甥っ子の夜泣きはすぐに治まり十年が経ち、現在小学六年生になった。

あの家での出来事などすっかり忘れていたある晩、春子さんは急に目が覚めた。

視線の先にあるクローゼットの扉に隙間がある。

(あれ？　閉めたのに――)そこが気になって仕方ない。

薄暗い部屋の中で、縁の部分に二か所、ポコポコと膨らみがあるのが見える。よく見ると、指だ。その指が、クローゼットの縁に掴まっている。やがてその隙間から、びしょ濡れの女がゆらりと出てきた。「あっ」と思う間もなく、女はすぐそばまで来ると、耳元でささやいた。

「見た？」

春子さんが悲鳴をあげたと同時に電気が点いて、甥っ子が入ってきた。

「今、変な夢を見たよ。この部屋のクローゼットの中に、びしょ濡れの女のひとがいて座ってる」

甥っ子のその言葉を聞いた春子さんは、十年前、義兄の庭にいたあの女のことがフラッシュバックした。どうして今更？　しかも私、関係ないじゃん。

甥っ子にあの家でのことを聞くと、覚えていると答えた。

その後、調べてわかったことだが、姉の嫁ぎ先の家でこんなことがあったという。

何代か前の男性が、近所の若い女性に手を出した。男性は結婚を匂わせてその女性と肉体関係を結んだが、端からその気はなく飽きると平然と捨てた。

女性はその後、自殺したという。

昨年の九月に春子さんから伺ったのはここまでだった。本稿をまとめる際に改めてアポを取ったところ「まだいます」と言う。

やはり現れるのは夜中で、クローゼットの中からすすり泣く声が聞こえる。同時に甥っ子が目を覚ます。

そんなことが数日続いたある晩のこと。またすすり泣きが聞こえて春子さんが震えていると、甥っ子が部屋にやってきてこう言った。

「このひと、かわいそうだね。『寒い。哀しい』ってずっと泣いてるよ。お嫁さんになりたかったんだね」

春子さんは甥っ子の思いもよらぬ優しさに驚いた。女を煩わしいと考えていた自分の不甲斐なさを情けなく感じた。

「そこで思いついたのが冥婚です」と春子さんは言う。

青森県や山形県の一部地域で、未婚の死者の婚礼を絵馬に描いて寺に奉納する「ムカサリ絵馬」という風習がある。たまたまテレビ番組でこの冥婚の特集が組まれていたのを見た春子さんは、それを試してみようと思いついたのだという。

「絵馬に描く相手は架空のお婿さんですけど、これで女性も花嫁になれるわけですから、そうしたら、さすがに出て行ってくれるでしょ。良い考えだと思いませんか？」

それまでは私の家にいてもらおうかと思います、と春子さんは話を締めくくった。

この話はまさに本書をまとめている最中にインタビューしたので、今も春子さんの家のクローゼットの中には冥途の花嫁がいるはずだ。

その後の春子さんからの連絡を心待ちにしている。

## ★読者アンケートのお願い

本書のご感想をお寄せください。
アンケートをお寄せいただきました方から抽選で
10名様に図書カードを差し上げます。
（締切：2023年5月31日まで）

応募フォームはこちら

# 百怪語り 冥途の花嫁

2023年5月5日　初版第1刷発行

著者……牛抱せん夏
デザイン・DTP……延澤武
企画・編集……Studio DARA

発行人……後藤明信
発行所……株式会社 竹書房
〒102-0075　東京都千代田区三番町８－１　三番町東急ビル６F
email：info@takeshobo.co.jp
http：//www.takeshobo.co.jp
印刷所……中央精版印刷株式会社